막막한 학생부 종합전형!
면접을 앞두었다면 꼭 봐야 할!

훔쳐서라도
보고 싶은

대입
면접장

누구나 학종 금수저가 될 수 있는 컨설팅 노하우 대공개!

2022

막막한 학생부 종합전형!
면접을 앞두었다면 꼭 봐야 할!

훔쳐서라도
보고 싶은

대입

누구나 학종 금수저가 될 수 있는 컨설팅 노하우 대공개!

면접장

GoldenBell

면접을 합격해야
학생부종합전형도 합격이다!

고단한 입시의 끝이 드디어 보입니다. 면접이라는 마지막 관문만 넘으면 그 토록 바라던 대학 합격을 손에 넣을 수 있습니다. 그러므로 면접은 더욱 철저 한 준비로 단 한 번의 실수도 허용해서는 안 됩니다. 대학 입학의 최종 관문만을 앞에 두고 허무하게 돌아갈 수는 없기 때문입니다.

면접을 앞둔 수험생들은 크게 두 가지 특징으로 구분됩니다.

1 첫째, 자기 자신의 원래 실력을 믿고 아무 준비 없이 즉흥적으로 면접에 임하겠다는 학생입니다. 물론 면접은 자신을 보여주는 것이기 때문에 기본 실력을 최대한 부각시키겠다는 마음은 잘못된 것이 아닙니다. 하지만 면

접 역시 지피지기면 백전백승이고, 대학의 의도를 알아야 그에 맞는 전략을 짤 수 있는 것입니다. 그동안 수없이 많은 준비를 하고 이 자리에 왔는데 마지막 면접을 소홀하게 준비해서 기회를 놓친다면 그보다 아쉬운 일은 없을 것입니다. 따라서 '나'를 보여주되, 대학의 의도를 정확히 알고 나의 강점을 극대화하는 방향으로 효과적인 면접 준비가 필요합니다.

2 둘째, 면접 자체에 대한 극도의 불안감으로 어디서부터 어떻게 시작해야 할지 갈피를 못 잡는 경우입니다. 면접이라는 것은 당연히 떨리고 긴장되는 일이 맞습니다. 단 10분 내외의 시간 동안 모든 것이 판가름 나기 때문이죠. 하지만 면접만큼 공정한 것은 드뭅니다. 누구에게나 같은 시간이 주어지고 같은 수험생의 입장에서 평가받게 됩니다. 또한 대부분의 수험생들은 면접이 생소한 것도 동일합니다. 즉, 모두에게 면접은 처음이나 마찬가지이기 때문에 내가 떨리는 만큼 경쟁자들도 충분히 긴장하고 있을 거라는 것을 생각할 필요가 있습니다. 그렇다면 긴장된다는 이유만으로 면접을 포기할 수는 없는 일입니다. 자신의 절박함을 담아 충분한 연습으로 최고의 10분을 만들어낼 수 있습니다.

우리는 매년 입시 현장에서 수많은 수험생을 만나 면접 지도를 해왔습니다. 이러한 경험 속에서 수험생들의 절박함을 고스란히 보았기에 단 한 명의 학생이라도 면접이라는 기회를 아쉽게 놓치지 않았으면 하는 마음으로 이 책을 시작했습니다. 이 책을 통해 면접을 가장 효과적으로 준비하는 전략들을 함께 하시기 바랍니다.

| CONTENTS |

prologue
면접을 합격해야 학생부종합전형도 합격이다!

PART
1

면접이 코앞인데, 학종 면접은 처음이라면?

PART 2

종류로 다양한 면접, 유형으로 살피는 대입 면접 노하우

PART 3

미리 훔쳐보는 면접 질문과 답변

PART 5

기출문제로 보는 면접 질문과 답변

PART 1

면접이 코앞인데,
학종 면접은 처음이라면?

대입 면접 2022 트렌드

① 2022년 대입 면접 무엇이 달라졌나?

교육부와 한국대학교육협의회 대학입학전형의 기본원칙은 학교 교육의 정상화, 사교육비 절감, 전형의 간소화 및 공정성 확보입니다. 따라서 이러한 원칙은 올해도 유지되고 있으며 각 대학의 대입 전형요소에 반영되고 있습니다. 올해 대입 면접은 다음과 같은 경향이 나타남을 분석할 수 있습니다.

첫번째 상위권대 학생부종합전형 인원 증가

작년 대입개편안에 따라 교육부는 2022학년도 정시 비율을 30% 이상으로 늘리라고 권고하였습니다.이에 따라 각 대학은 점진적으로 수시 선발 인원을 줄이고 정시 인원을늘릴 것이라 예상했었습니다. 하지만 오히려 수시 선발 인원이 증가하였습니다. 그 이유는 논술 인원과 타 전형 인원을 줄이고 수시 인원을 늘렸기 때문입니다. 이는 상위권대일수록 학생부 종합 전형을 신뢰하고 있다는 반증이라 생각합니다. 따라서 상위권대 입시를 준비하고 있는 수험생이라면 수시 면접을 더 철저히 준비하여 합격 가능성을 높이시기 바랍니다.

두번째재 블라인드 면접 도입 확산

블라인드 면접은 출신 지역이나 학교 등 지원자에 대한 편견이 개입될 수 있는 부분을 가리고 면접을 진행하는 제도입니다. 대학 블라인드 면접의 경우 '면접 평가에 영향을 줄 수 있는 지원자 개인정보(수험번호, 이름, 고교명 등)를 삭제'하는 것을 기준으로 합니다. 현재 모든 공기업에서 시행되고 있으며 대학교도 교육부의 지원 사업에 따라 확대되고 있는 추세입니다. 따라서 올해는 그 비중이 더 늘어날 것으로 예상됩니다.

세번째재 면접 없는 학종의 확대 시행

일찍부터 한양대는 학종을 서류로만 평가해왔는데 작년 성균관대, 서강대, 이화여대가 이에 동참하였습니다. 올해는 중앙대도 서류로만 학생을 선발하겠다고 발표한 상태입니다. 따라서 면접은 약하지만, 교과 성적이 좋고 비교과 활동이 풍부한 학생은 이러한 대학을 공략하시기 바랍니다. 다만 인성을 중요하게 생각하는 의예과는 면접을 실시하니 착오 없으시기 바랍니다. 한편, 현 고3 학생들의 경우 학생부 기록 내용이 간소화되면서 면접의 중요성이 한층 부각되는 경향입니다.
이외에도 면접의 시행 시기를 수능 전에서 수능 이후로 옮기는 대학들이 늘어났으며 선행학습평가 보고서를 통해 대학들이 기출문제들 홈페이지에 공개하고 있으니 참고하시기 바랍니다.

* 아래는 서울대, 연세대, 고려대의 전형유형별 분포 그래프입니다.

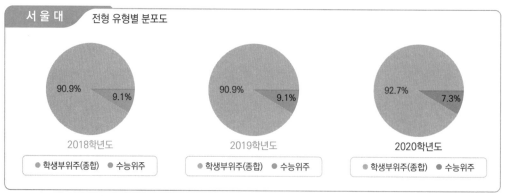

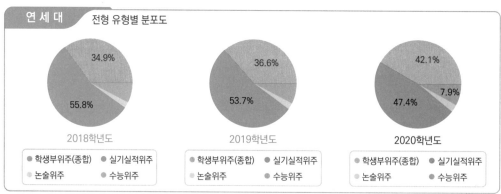

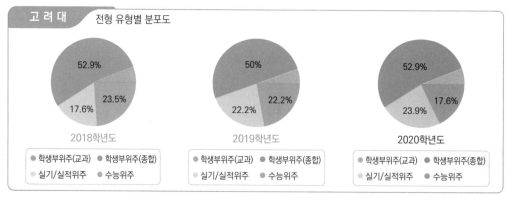

〈서울대, 연세대, 고려대 전형유형별 분포도〉

2 학종 면접을 통해 보고자 하는 것은?

만일 여러분이 1,000만원이 넘는 고가의 물건을 산다면 온라인에서 구입하시겠습니까? 오프라인 매장에서 구입하시겠습니까? 아마 대부분 오프라인 매장을 선택하실 겁니다. 직접 만져보고 사야 안심이 되기 때문입니다. 저는 학종 면접도 이와 같다고 생각합니다. 서류를 통해 적합한 학생이라는 판단을 내려도 직접 보고 판단해야 정확성이 높아지기 때문입니다.

면접관은 여러분이 3년 내내 교과공부를 위해 노력하고 비교과 활동을 하느라 고생한 것을 인정합니다. 하지만 서류를 통해 여러분을 다 평가하기엔 한계가 존재하기에 직접 대면을 통해 이를 확인하고자 합니다. 따라서 학종 면접은 다음의 목적이 있습니다.

첫번째 서류평가 내용의 재확인

제출한 서류의 내용이 정확한지, 내용이 부풀려 있지 않았는지를 질문을 통해 확인합니다. 특히 학생의 학업역량, 전공 적합성, 인성, 발전가능성 등은 추가 질문을 해가며 다시 한번 꼼꼼히 확인 합니다. 만일 입학사정관들은 서류평가에서 신뢰가 가지 않는 내용을 발견했다면 메모를 해두고 면접 때 반드시 물어봅니다. 또한 세부특기 능력 사항에서 전공 관련 주제를 발표했다면 발표한 동기나 배경, 배우고 느낀 점을 물어보기도 하고 고등학생 수준에서 읽기 힘든 책을 읽었다면 제대로 읽었는지 물어보기도 합니다. 또한 꼬리 질문을 통해 자소서에 내용이 사실인지 진정성을 확인해 보기도 합니다.

두번째 자유롭게 표현할 수 있는 기회의 제공

선생님들이 학생의 활동을 기록하실 때 간혹 내용을 빼먹거나 간단하게 기록하시는 경우가 있습니다. 이는 선생님의 전공 교과목에 따라 글을 쓰는 능력과 표현의 차이가 존재하기 때문입니다. 또한 정시 위주로 대학을 보내는 고등학교에 다니게 되면 학생부 관리를 잘 받지 못하기도 합니다. 따라서 면접은 학생부에 미처 기록되지 못한 개인의 차별화된 강점을 부각할 수 있는 좋은 기회가 될 수 있습니다. 서류평가에서는 높은 점수를 받지 못하였지만 실제로 면접장에서 적극적인 모습과 진정성 있는 모습을 보여 합격한 사례도 종종 있습니다. 따라서 만일 꼴찌로 서류가 합격이 되었더라도 희망을 가지고 열심히 준비하는 자세를 가지시기 바랍니다.

세번째 복합적 사고력과 의사소통능력의 확인

4차 산업혁명이 진행되면서 점점 다양한 학문을 아우를 수 있는 융합형 인재가 필요해 지고 있습니다. 실제로 앞으로 구글과 네이버 같은 회사에 들어가려면 한가지 전공만으로는 힘들다고 합니다. 따라서 이러한 추세에 맞추어 상위권 대학은 논리적, 복합적 사고력을 가진 인재를 뽑으려고 합니다. 하지만 서류 확인 면접만으로는 이러한 것을 다 측정할 수 없기 때문에 제시문을 활용한 발표 면접을 진행하기도 합니다.

참고로 제시문 활용 면접은 사전에 출제된 문제에 대한 준비 시간을 주고 면접위원 앞에서 발표하고 추가로 질의 응답하는 방식으로 진행됩니다. 지원자의 논리적 사고력, 의사소통능력, 전공 적합성 등을 평가하는 것이 목적입니다. 인문계의 경우 질문에 대한 정답이 없는 경우가 많지만, 자연계는 문제 풀이로 정답이 존재하기도 합니다. 제시문 면접 점수도 서류 확인 면접 점수만큼 비중이 있기 때문에 잘 보면 3:1의 관문을 뚫을 수 있습니다.

넷번째 면접관으로 꼭 1분 이상 참여하시는 교수님은 스승의 관점에서 제자를 뽑는다.

때문에 적극적이고 전공에 대한 열의가 있는 학생을 선호하십니다. 면접 준비할 때 학과 홈페이지를 방문하여 교수님의 관심사를 파악하고 전공 분야 논문을 읽고 간다면 보다 면접을 수월하게 볼 수 있을 것입니다.

아래 예시처럼 학생부 종합 면접은 학교별로 평가하는 영역이 조금씩 다르기 때문에 무작정 준비하지 마시고 꼭 전략을 짜서 접근하시기 바랍니다.

학생부 종합 면접 : 학교별 평가

- 고교생활 충실도, 면접에 임하는 자세와 태도 평가 등 (고려대)
- 자기 주도성 및 도전정신, 전공 적합성, 인성 (국민대)
- 창학이념 적합도, 인성, 전공 기초소양, 논리적 사고력 (경희대)
- 학업역량, 전공 기초소양 인성 (연세대)
- 기본적인 학업 소양, 인성, 공동체 의식, 대인관계 (서울대)

확 바뀐 대입 면접 준비 전략

 1 지원 대학별 면접 유형과 기출문제를 찾아라!

　본격적인 면접 준비를 하기 위해서는 우선 지원 대학별 면접 유형과 면접 기출문제를 분석하는 것이 중요합니다. 왜냐하면 대학마다 면접 방식의 차이와 있고 평가 기준이 조금씩 다르기 때문입니다. 면접은 대학별로 개별면접, 구술면접, 인성면접, 심층면접, 상황면접, 발표면접 등 다양한 표현을 씁니다. 표현은 약간씩 다르나 대부분의 대학에서 공통으로 실시하는 면접 유형은 크게 서류 기반 면접과 시사면접을 포함한 제시문 기반 면접으로 나눌 수 있습니다.

자주 출제되는 기출질문

1. 자기소개 2. 지원동기 3. 마지막 할 말
4. 장점과 단점 5. 학업계획 6. 동아리 활동 질문
7. 봉사활동 질문 8. 독서 활동 질문
9. 지원학과를 위해 노력한 내용 10. 전공 교과목 개념

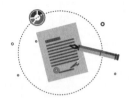

서류 기반 면접은 가장 일반적인 면접 방식으로 지원자의 학생부와 자기소개서를 바탕으로 면접 질문을 하게 됩니다. 따라서 학생부와 자기소개서를 최대한 꼼꼼히 읽고 숙지해야 합니다.

그리고 학생부, 자기소개서에 기록된 경험을 되돌아보면서 상황, 행동, 결과 및 배운 점과 느낀 점을 정리해 두어야 합니다. 매년 물어보는 기출질문 항목은 표현만 조금 다를 뿐 70% 이상 비슷하기 때문에 학생부와 자기소개서 기반으로 준비를 철저히 하면 좋은 평가를 받을 수 있습니다.

면접진행방법	2인 이상 평가 위원에 의한 지원자가 1인 개별 면접	
면접시간	10분 내외	
면접문항(예시)	00 활동 중 가장 의미 있었던 활동과 본인의 구체적인 열학은? 00 수업에서 가장 재미있었던 내용과 그 이유는? 00 전공을 지원한 동기는? 자기소개서에 작성한 00 책에서 가장 인상 깊었던 점은?	
출제방식	제출서류를 토대로 서류내용과 기본적인 학업 소망을 확인	
평가방법	**평가요소**	**평가항목**
	기본적인 학업 소양	학업능력, 자기주도적 학업태도, 전공 분야에 대한 관심, 지적호기심 등
	학업 외 개인적 특성	인성, 공동체 의식, 대인관계 등

〈서울대 서류기반 면접내용〉

17

면접진행방법	2인 이상 평가 위원에 의한 지원자가 1인 개별 면접
면접시간	[전형별 7분~15분 내외] - 학교추천Ⅱ: 7분 내외 - 일반전형: 15분 내외(학생부+제시문 통합 면접) - 기회균등 특별전형: 15분 내외
면접문항(예시)	- 00 봉사활동에 참여하게 된 계기는 무엇이며, 활동 과정에서 느낀 점은 무엇인가? - 동아리 활동 중 지원자에게 가장 의미 있었던 활동과 그 이유는? - 친구들과 협력하여 받은 상이 있는데, 그러한 결과를 얻는 과정에서 지원자는 어떤 역할을 하였고 기여도는 얼마나 된다고 생각하는가?
출제방식	- 제출서류(학생부, 자기소개서, 추천서)의 사실 여부 확인 - 지원자의 학교생활기록부 내용을 기반으로 개별화된 문항 출제
평가방법	- 지원자의 학교생활기록부에 기재된 내용을 중심으로 고교생활 충실도 등을 평가함 - 면접에 임하는 자세와 태도를 평가함

〈연세대 서류기반 면접유형〉

심층면접 이라고도 불리는 제시문 기반 면접은 면접에 앞서 제시문을 제공하고 그 내용 대한 지원자의 생각을 면접관에게 답변하는 방식의 면접입니다. 제시문 면접은 논리력, 복합적 사고력, 의사소통능력 등을 측정하는 면접이기 때문에 제시문의 내용을 정확히 이해하고 주장에 대한 구체적인 근거를 가지고 답변하는 것이 중요합니다. 다행히 제시문 면접의 경우 각 대학별 선행학습 영향평가 보고서에 기출문제가 공개되어 있기 때문에 사전에 풀어볼 수 있습니다. 주제문은 보통 인문계열의 경우 사회 이슈나 찬반 논쟁에 대한 것이 나오므로 평소에 시사 상식이나 사회 이슈에 관한 공부해 두는 것이 중요합니다. 자연계열은 수학 및 과학 관련 이론이 주로 출제됩니다.

면접진행방법	2인 이상 평가 위원에 의한 지원자가 1인 개별 면접
면접시간	[전형별 7분~15분 내외] - 학교추천Ⅱ : 7분 내외(제시문 숙독 30분 내외) - 일 반 전 형 : 15분 내외(학생부+제시문 통합 면접)

구 분	내 용
제시문(가)	고등학교 〈윤리와 사상〉 '공동체와 연대' 단원 내 공동체의 구성원으로 개인의 존재와 역할 및 의무과 관련된 내용
제시문(나)	고등학교 〈사회·문화〉 '개인과 사회와의 관계' 내 '사회 명목론'의 내용

평가방법 (고려대)

제시문의 내용을 종합적으로 분석하고 이를 바탕으로 타당한 근거를 제시하며
답변을 전개하는 능력을 평가함. 논리적 사고력과 문제해결 능력을 평가함.

덧붙여 말씀드리면 면접은 벼락치기로 되는 게 아니라 꾸준한 연습을 통해 체득이
되어야 하므로 모의 면접을 충분히 진행하시기 바랍니다. 예상 질문 목록을 작성하고
반복해서 대답하다 보면 어느새 머리가 아니라 몸으로 체득되는 것을 느낄
수 있을 것입니다. 그리고 답변 내용뿐만 아니라 면접에 임하는 학생의 태도 또한
중요한 평가 요소이기 때문에 영상으로 자신의 모습을 촬영하여 목소리 크기, 속도,
발음, 자세 등을 꼭 체크하시기 바랍니다.

대학정보 포털 '어디가 www.adiga.kr'로 대학별 면접 유형 및 쉽게 파악하는 방법

첫째, 어디가 접속 후 대학/학과/전형 메뉴 선택 후 대학 검색

둘째, 학생부종합전형 메뉴 선택

셋째, 전형방법 ➡ 면접평가 선택 (2022학년도 자료는 6월 이후 업로드)
수시모집 요강을 보지 않아도 면접전형을 쉽게 확인할 수 있습니다.

* 네이버 카페 '수만휘'로 대학별, 전공별 기출문제 확인 방법

수만휘 카페는 '수능 날 만점 시험지를 휘날리자' 자의 줄임말입니다. 현재 대학 입시 커뮤니티로는 가입자가 제일 많고 면접 후기가 제일 많이 올라오는 카페입니다. 따라서 지원하는 학교와 학과의 작년 후기를 보면 기출문제와 분위기를 어느 정도 가늠해 볼 수 있습니다. 전공 질문의 경우 다른 대학 전공 질문도 참고하시면 도움이 됩니다. 하지만 학생에 따라 질문이 다르고 100% 정확한 것은 아니니 빈도수 높은 질문 위주로 먼저 준비하시기 바랍니다.

면접 후기 게시판 내용

1. 지원 대학 및 전형
2. 시험장 분위기 및 시험 진행 방식
3. 시험문제 복원 + 나의 답변
4. 수기 및 후배들에게 하고 싶은 말

* 이외에도 각 시도별 교육청 홈페이지 **'진로진학정보센터'**에서도 기출 문제를 확인할 수 있습니다.

2 학교 생활기록부를 파헤쳐라

학생부종합전형의 면접은 지원자가 제출한 서류상의 역량, 즉 학업역량, 전공 적합성, 인성평가 등을 재확인하는 데 중점을 두고 있습니다. 확인형 질문뿐만 아니라 압박형 질문이나 꼬리 질문을 받을 수도 있기 때문에 학생 스스로가 학생부에 기록되어 있는 내용을 정확히 인지하고 있어야 합니다. 상담하다 보면 선생님들께서 활동을 과장되게 써주신 경우나 축소해서 써주신 경우를 보게 됩니다. 각각 활동에 대해 질문이 들어 왔을 시 답변을 잘못하면 신뢰도에 문제가 생길 수 있습니다. 그 때문에 학생부를 보며 사실이 아닌 내용에 대해서도 체크를 해두셔야 합니다.

서류기반 확인 면접은 면접관이 서류의 신뢰도 검증을 최우선으로 하므로 답변 시 과장되거나 거짓으로 말할 경우 드러나게 됩니다. 또한 제출서류를 바탕으로 입학사정관은 면접 전에 예상 질문을 뽑아두고 이를 면접관들과 공유합니다. 따라서 아래 학교생활 기록부 각 항목별의미를 잘 숙지하여 면접을 준비하시기 바랍니다.

학교생활기록부 대학 제공 항목 및 예상 질문 내용

- **인적사항**

  성명, 주민등록번호, 사진 등 3개 항목은 대학에 제공

- **학적사항**

  학적 및 특기사항(학적변동 사유 등)을 전입학, 편입학, 재입학 등을 통해 지원자의 교육 환경 등을 평가하는데 활용

- **출결상황**

  결석·지각·조퇴·결과의 질병·무단·기타 등의 모든 항목의 사유를 통해 학교생활의 성실성, 근면성, 자기관리 능력을 확인, '특기사항' 란에서는 신체적·정신적 건강상태 평가자료 로 활용

  * 질문하는 경우 : 무단결석, 무단지각, 장기병가 있을 시

- **수상경력**

  학업능력, 전공적합성, 열정, 성실성, 관심분야 및 활동의 다양성 등을 평가할수 있는 항목으로 활용.

  * 질문하는 경우 : 우수상이상 수상경력, 공동수상을 한 경우, 전공과 관련된 수상

- **자격증 및 인증 취득 상황**

  교외에서 취득한 자격증이 기재되어 학생의 관심과 역량을 파악하는 자료로 활용. 인증 취득 상황의 경우 특성화고에 한하여 기재됨.

  * 질문하는 경우 : 자격증 취득동기와 구체적인 노력

- **진로희망 사항**

  학생의 진로 희망, 목표, 관심분야 및 진로를 선택한 이유와 과정 등이 희망사유에 기재됨.

  * 질문하는 경우 : 진로희망 사항이 변경 된 경우

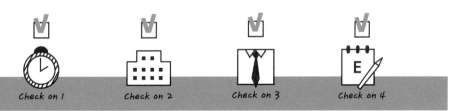

Check on 1   Check on 2   Check on 3   Check on 4

학교생활기록부 대학 제공 항목 및 예상 질문 내용

• 창의적 체험활동 상황

자율활동(학교 및 개인 활동, 행동특성, 참여도와 협력도 등), 동아리 활동(전공 적합성, 인성, 리더십 등), 봉사활동(공동체의식, 나눔, 배려 등), 진로활동(전공 관련 관심과 성숙도 등)을 종합적으로 평가

* 질문하는 경우 : 임원, 전공에 부합한 활동, 전공과 다른 활동, 꾸준한 봉사활동, 하기 힘든 봉사활동 등을 했을 경우

• 교과학습발달상황 (세부능력 및 특기사항)

교과등급, 모집단위와 관련된 교과의 성취도, 성적 향상도, 과목 간 편차, 선택과목의 수강자수, 평균, 표준편차 등을 고려하여 교과성적을 종합적으로 평가. 세부 능력 및 특기사항에 기재된 지적 호기심 및 재능(특기), 학습 활동 참여도 및 태도 등을 토대로 학업 역량 및 전공적 합성을 평가. 또한 기타 과목의 성적을 통해 전공 적합성, 인성 등을 평가하는 데 활용

* 질문하는 경우 : 전공과 관련된 교과목 지식, 성적 우상향, 성적 우하향, 수업시간에 발표한 내용 (주제, 이유, 개념 등), 전공과 관련 된 교과목을 이수하지 않았을 경우

• 독서 활동상황

전공에 대한 관심과 열정, 지식의 깊이와 확장 정도 등을 평가

* 질문하는 경우 : 고등학교 수준 이상의 어려운 책을 읽었을 경우, 전공관련 된 책을 읽었을 경우, 자소서에 독서내용이 기록되어 있을 때 등

• 행동특성 및 종합의견

담임교사의 종합적 평가로 학업능력 및 전공 관련 활동에 대한 열정과 관심, 학교생활 참여도와 역할 수행을 통한 리더십 및 인성평가 등의 중요한 자료로 활용

* 질문하는 경우 : 담임 선생님의 긍정적 피드백 내용 혹은 부정적 피드백 내용

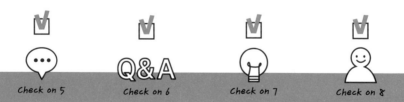

Check on 5   Check on 6   Check on 7   Check on 8

3 자기소개서에서 예상 질문를 뽑아라!

보통 학생부종합전형의 서류통과 인원은 지원자의 3배수 혹은 5배수입니다. 인기 학과나 수험생들이 선호하는 학교의 경우 대부분 10:1의 경쟁률은 다반사입니다. 때문에 서류 통과가 되었다면 평가점수를 좋게 받았다고 생각하셔도 됩니다. 하지만 최종합격자의 30% 정도가 면접에서 당락이 바뀔 정도로 1차 서류 평가 점수의 간격이 크지는 않습니다. 따라서 학생부나 자기소개서에 자신이 있는 학생도 방심하지 않기를 당부드립니다. 또한 서류 내용이 약하다고 생각하는 학생도 철저하게 면접을 준비하면 뒤집을 수 있으니 희망을 품으시기 바랍니다.

그렇다면 면접관들은 자기소개서 질문을 통해 무엇을 보려고 할까요?

우선 면접관은 꼬리 질문, 돌발질문, 압박질문을 통해서 진정성을 확인해 보고 싶어 합니다. 일반 질문은 대체적으로 학생들이 잘 대답합니다. 하지만 다음으로 받는 꼬리 질문은 조금만 머뭇거려도 진정성에 의심을 받을 수 있습니다. 꼬리 질문은 자기소개서 내용을 철저히 분석하지 않으면 바로 답변하기 쉽지 않다는 것을 명심하시기 바랍니다. 실제 상담을 통해 파악해 보면 활동을 충실히 하고도 자기소개서 질문 받을 때 추가 질문을 받아 당황했었다는 사례를 종종 듣습니다. 따라서 자기소개서를 철저히 분석 후 예상 질문을 뽑아 준비하시기 바랍니다.

다음으로 보고자 하는 것은 배움의 깊이입니다. 학생부를 통해서는 진정성과 배움의 깊이를 다 알 수 없기 때문에 1~3번 항목에 경우 꼭 배우고 느낀 점을 쓰라고 되어 있습니다. 그래서 배우고 느낀 점이 적은 경우나 내용이 구체적이지 않다면 이 부분에서 의심을 받을 수 있습니다. 만일 자기소개서 내용에 배우고 느낀 점이 부족하다고 생각된다면 따로 꼭 준비해 두시기 바랍니다.

덧붙여 말씀드리면 학생부는 선생님이 작성하기 때문에 활동과정에서 학생이 행동한 의미와 노력 과정을 상세하게 기록하지 못하는 한계가 있습니다. 그래서 자기소개서는 미처 학생부에 기록되지 못한 내용들을 작성하게 하는 기능도 가지고 있습니다. 만일 학생부에는 간단하게 언급되어 있는데 자기소개서 소재로 사용했다면 추가 질문을 받을 수 있으니 대비를 해두셔야 합니다. 따라서 활동에 대한 상황, 행동, 결과, 배우고 느낀 점을 잘 정리해 두시기 바랍니다.

아래는 자소서 샘플 자료를 바탕으로 자기소개서를 보고 물어볼 수 있는 내용을 달아 보았습니다. 본인이 면접관이라고 생각하고 어느 부분에서 질문 할지도 같이 생각해 보시기 바랍니다. 참고로 질문 포인트는 사람마다 약간씩 각각 다를 수 있습니다.

🖊 **Sample**

1. 고등학교 학 기간 중 학업에 기울인 노력과 학습 경험에 대해, 배우고 느낀 점을 중심으로 기술해 주시기 바랍니다.

중학교 때부터 사진 출사를 자주 다니게 되었습니다. 다양한 곳을 가보며 똑같은 사물도 관점에 따라 느낌이 달라진다는 것을 깨달을 수 있었습니다. 이후 문제를 바라볼 때 한 가지가 아닌 다양한 관점에서 바라보는 것이 자연스러워졌습니다. 고등학교 입학 후 이런 사고방식이 습관이 되자 풀이 방법이 다양한 수학에 흥미를 가지게 되었습니다. 한 번 풀었던 문제를 다른 방식으로 접근하여 풀었을 때 희열을 느낄 수 있었습니다.

❓ 어떤 문제인가? 구체적으로 말해보세요.

❗ 그러나 새로운 풀이 방법으로 문제를 푸는 것은 시간이 오래 걸린다는 단점 있었고 내신 향상에는 별 도움이 안 되었습니다. 어떻게 하면 이 단점을 보완하면서 계속 이어나갈지 생각해 보았고 한 가지 아이디어가 생각났습니다. 수학을 잘 못 하는 친구들이 쉽게 이해 할 수 있는 풀이 과정을 개발하면 되지 않을까 하는 것이었습니다.

그리고 제가 새롭게 푼 과정을 공유하면 다른 친구들로부터 피드백도
받을 수 있을 것 같았습니다. 이를 위해 먼저 다항식 및 유리식
무리식 단원부터 교과서와 다른 풀이방식을 시도한 후
친구들에게 이해하기 쉬운지 피드백을 받아보았습니다.
이해가 안 된다는 부분은 더욱 더 쉽게 풀이과정을 연구해
수정을 해나갔습니다.

? 어떤 방식으로 했는지 사례를 들어 이야기해 보세요.

! 이를 통해 삼각함수 파트를 공부할 때 그래프를 활용하면 훨씬 시간도 절약된다는 것을 깨달을 수 있었습니다. 풀이 과정을 다른 친구들에게도 공유하다 보니 생각지도 못한 다른 풀이 과정도 배울 수 있었습니다.

? 어떤 풀이과정인지 구체적으로 말해 보세요. 배우고 느낀 점은?

! 이를 응용하자

? 어떻게 응용하였나?

! 미적분학 문제를 풀 때 푸는 시간도 많이 단축시킬 수 있었습니다. 세이브된 수학 공부 시간만큼 다른 과목에 시간을 더 투자할 수 있게 되었고 수학 외 과목에서도 교과 우수상을 탈수 있었습니다.

2. 고등학교 재학 기간 중 본인이 의미를 두고 노력했던 교내 활동을 배우고 느낀 점을 중심으로 3개 이내로 기술해 주시기 바랍니다.

'발명품 경진대회' 1러브팟을 만들어 나눔디자인이라는 새로운 분야를 만들어 내신 배상민 교수님의 세바시 강의를 듣고 지식과 재능을 활용하여 '어떻게 하면 사람들에게 도움을 줄 수 있을까?'라는 생각을 하게 되었습니다. 그러던 중 1305명 전교생을 대상으로 하는 교내 발명품 대회가 열리게 되었습니다. 어떤 주제로 참여할까 고민하던 중 음식을 먹을 때 음식물이 튀어 묻게 되면 얼룩이 지게 되는데 그때 바로 비누를 발라두면 세탁 시 잘 빠진다는 방송내용이 기억났습니다.

많은 사람이 외식하면서 한두 번은 겪는 것이라 휴대하기 쉽고 비누가 손에 묻는 것을 방지할 수 있는 딱풀 모양의 비누를 제작하기로 했습니다. 빨랫비누, 세숫비누 등을 활용하려고 하였으나 비누의 강도가 다르고 원기둥 모양을 만드는 것이 생각보다 쉽지 않았습니다. 그래서 직접 유튜브에서 비누제작 방법을 익히기 시작했습니다. 비누의 재료를 달리하여 만들기를 시작한 지 7번, 드디어 제가 원하는 강도의 비누가 탄생하였습니다.

❓ 어떤 재료를 사용했고 강도를 맞춘 비결이 무엇인가요?

❗ 원하는 모양으로 제단을 마치자 딱풀 모양의 비누가 완성되었습니다. 검증 차 옷에 음식물을 묻힌 후 바로 바르고 6시간 후 세탁을 한 결과 포도 주스까지도 빠지는 결과를 얻을 수 있었습니다.

❓ 화학의 어떤 반응 원리가 적용되었다고 생각하나요?

❗ 창의적이고 실용적이라는 평가를 받아 2위로 우수상을 받게 되었습니다. 크게 느낀 점이 있다면 남을 위한 제품을 만들 때 더욱 열정적으로 변하는 저를 발견했다는 것입니다.

* 물어본 질문에 대답을 못 한다면 좋은 평가를 받을 수 없겠죠?

다음의 내용도 자기소개서에서 물어볼 수 있는 내용이니 참고하시기 바랍니다.

예상 질문 내용

자소서에 언급된 교과목의 개념, 이론, 공식,
고등학생 수준을 넘어서는 독서에 관한 내용, 어려운 봉사활동 등

🔔④ 대입 면접 단골 질문을 완벽히 분석하라!

대입 면접에서 나오는 질문은 매년 얼마나 반복될까요? 60%?, 70%? 80%? 학교별로 전형이 다르고 학과별로 변수들이 있기 때문에 정답이 있지는 않습니다. 하지만 많은 입시전문가의 의견과 수많은 컨설팅 경험에 비춰보면 70%~80% 정도는 비슷하게 나온다고 생각합니다. 여기서 비슷하게 나온다는 의미는 똑같은 질문뿐만 아니라 유사한 질문도 포함됩니다. 왜냐하면 질문내용은 조금씩 다를 수 있어도 물어보는 의도는 비슷하기 때문입니다. 따라서 대입 면접에 자주 나오는 질문을 준비하다 보면 유사한 질문에 대한 대응력도 키우실 수 있습니다.

학교별도 매년 비슷하게 질문을 물어보는 이유는 그 질문을 물어봐야 알 수 있는 정보가 있기 때문입니다. 가령 지원 동기는 기출질문 중에 0순위로 꼽히는데 6개의 지원 학교 중 지원 학교나 학과를 최우선으로 선택할지 여부를 가늠할 수 있는 질문입니다. 진짜 지원 대학에 들어오기를 희망하는 학생이라면 태도나 답변의 내용이 확실히 다르기 때문에 이를 통해 학생의 의지를 엿볼 수 있습니다. 간혹 직접적으로 입학 희망여부를 알아보기 위해 '모든 학교에 합격하면 어디로 갈 것이냐?'고 물어보기도 합니다. 하지만 그 자리에서 다른 학교를 선택할 것이라고 말하는 수험생은 1% 미만일 것입니다. 이처럼 모든 대학에서 공통으로 물어보는 질문들은 그 질문을 해야 알 수 있는 내용이 있기 때문이라는 걸 명심하시기 바랍니다.

2018학년도 부터 교육부에서는 공정한 입시제도 정착을 위해 노력하고 기울이고 있습니다. 많은 대학들이 블라인드 면접과 구조화 면접을 진행하는 것도 그러한 노력의 일환입니다. 특히 구조화 면접은 사전에 계획을 세워 질문의 내용과 방법, 지원자의 답변 유형에 따른 추가 질문과 그에 대한 평가 기준이 정해져 있는 면접 방식입니다. 따라서 수험생은 학생부와 자소서 분석을 철저히 하면 어느 정도 나올 수 있는 질문을 예측해 볼 수 있으니 참고하시기 바랍니다.

자주 나오는 질문을 구체적으로 구분하면 거의 모든 학교나 학과에서 물어보는 공통기출 질문과 학생부 영역 질문으로 나눌 수 있습니다. 공통기출 질문은 자기소개나 지원동기처럼 학생들이 자유롭게 답변할 수 있는 개방형 질문의 특성을 가집니다. 반면에 학생부 영역의 질문은 학생마다 활동 내용이 다르기 때문에 사전에 면접관이 체크해둔 부분을 질문하게 됩니다. 학생부에서 자주 나오는 질문의 영역은 크게 교과, 진로 활동, 동아리, 봉사활동, 독서, 출결 영역으로 크게 6가지 영역으로 나누어집니다. 따라서 영역별로 자주 나오는 질문을 준비해 두시면 면접에 큰 도움이 되실 겁니다. 책 내용에는 공통기출 질문과 학생부 영역 질문을 자세하게 다루기 때문에 여기서는 간단하게 짚고 넘어가도록 하겠습니다.

- 자기소개를 해 보세요
- 지원동기(대학/학과)는 무엇인가?
- 졸업 후 계획에 대해 이야기해 보세요
- 앞으로의 학업계획은 어떻게 되나요?
- 지원학과에 들어오기 위해 기울인 노력이 무엇인지 이야기해보세요.
- 학업에 기울인 노력에 대해 말해보세요.
- 본인 성격의 장점은 무엇인가요?
- 본인 성격의 단점에 대해 이야기하고, 극복 노력이 있다면 이야기해보세요.
- 왜 본인을 선발해야 하는지 말해보세요.

연습 하기

공통기출 질문의 경우 개방형 질문이 많기 때문에 반드시 스크립을 작성 후
키워드 중심으로 말하는 연습을 하시기 바랍니다.

영역별 기출질문

 교과관련 **질문**

- 00과목의 등급이 향상되었는데 그 이유는? 어떻게 노력하였나?
- 전공과 관련된 필수과목을 듣지 않는 이유는?
- 가장 좋아하는 과목이 있다면?

독서관련 **질문**

- 본인이 가장 감명 깊게 읽은 책과 그 이유는?
- 000책을 읽고 배우고 느낀 점을 이야기해 보세요

영역별 기출질문

❓ 동아리관련 질문

- 동아리 활동 중 갈등이 있다고 했는데, 어떤 갈등이며 어떻게 해결했는가?
- 동아리를 하나밖에 하지 않았는데 그 이유는 무엇인가?
- OOO 동아리 활동이 지원학과와 어떤 연관성이 있는가?

❓ 진로 및 기타활동관련 질문

- 교내 경시대회 상이 많은데 어떻게 준비했나?
- 기억에 남는 교내 대회는 무엇이며, 수상을 위해 어떤 노력을 기울였나?
- 3학년 때 진로희망 사항이 바뀌었는데 그 이유는 무엇인가?

❓ 봉사활동관련 질문

- 봉사활동이 상대적으로 적은 편인데, 그럴 만한 이유에 대해 말해보세요.
- 봉사상을 받았는데, 어떤 이유로 수상을 했다고 생각하는지 말해보세요.
- OOO 봉사활동을 통해 느낀 점은?

❓ 출결관련 질문

- 질병으로 조퇴, 결석 등이 있는데 다른 문제는 없는지?
- 2학년 때 무단결석을 한 이유는?

연습 하기

영역별 질문은 본인의 학생부를 보고 해당하는 부분에 예상 질문을 작성하고 답변을 작성해보기 바랍니다. 공통기출질문에 비해 답이 정해져 있는 폐쇄형 질문이 대부분이라 준비한 만큼 효과를 볼 수 있습니다. 특히 학생부를 10번 이상 정독하시기 바랍니다.

PART 2

종류도 다양한 면접,
유형으로 살피는 대입 면접 노하우

면접 유형을 알아야 하는 이유?

대입 면접을 앞두고, 자신이 지원하는 대학의 면접 유형을 파악하는 것은 합격을 위한 첫걸음이자 가장 중요한 단계입니다. 유형에 따라 주된 평가요소의 비중이 다르기 때문에 자신이 지원하는 대학의 면접 유형을 파악하고 충분한 연습을 해야 합니다.

대학별로 세부적인 차이는 있지만, 면접 유형은 크게 서류를 기반으로 하는 일반면접과 제시문을 기반으로 교과 지식 및 학습 능력을 파악하는 제시문 면접으로 구분됩니다. 이외에도 시사관련 문제를 내고 학생들의 가치관을 파악하고자 하는 시사 면접과 여러 명이 자신의 의견을 나누는 모습을 통해 학생의 역량을 판단하는 토론 면접도 있습니다. 경우에 따라 일반면접과 제시문 면접을 동시에 진행하는 학교도 있으므로 지원 대학의 유형을 파악하는 것이 중요합니다.

유형에 따라 평가목적 및 출제 경향이 다르기 때문에 자연스럽게 준비하는 방법도 달라집니다. 예를 들어 인성 확인 면접의 경우 자기소개서나 추천서 등의 서류를 꼼꼼히 살피는 방식으로 준비를 해야 하고, 제시문면접의 경우에는 전공과 관련된 교과 내용이나 학업능력 위주로 준비를 해야 합니다. 시사 면접의 경우 시사 이슈에 대한 이해와 자신의 의견을 논리적으로 준비하고, 토론 면접은 실제로 토론 상황을 만들어 자신의 의견을 효과적으로 드러내는 방법을 연습해야 합니다.

따라서 지금부터 대입 면접을 유형별로 샅샅이 파헤치고 준비 노하우까지 알아보겠습니다. 자신이 지원하는 대학에 딱 맞는 맞춤 준비법으로 합격의 가능성을 높여보세요!

대학별 면접 유형 정리

대 학	지 역	면접유형		예시문항 제공 여부
		일반면접 (인성 확인 면접)	제시문 면접 (심층 면접)	
가천대	경기	O		O
가톨릭대	경기	O	O	O
강원대	강원	O		
건국대	서울	O		
경기대	경기	O		O
경남대	경남	O		
경북대	대구	O		O
경성대	부산	O		O
경인교대	인천	O	O	
경희대	서울	O	O	O
고려대	서울	O	O	O
공주교대	충남	O	O	
광운대	서울	O		O
광주교대	광주	O	O	
국민대	서울	O	O	
군산대	전북		O	
단국대	경기	O		O
대구교대	대구	O		O
대구대	경북	O		O
대구한의대	경북	O		O
대전대	대전	O		
대진대	경기	O		O

대 학	지 역	면접유형		예시문항 제공 여부
		일반면접 (인성 확인 면접)	제시문 면접 (심층 면접)	
동국대	서울	O		
동덕여대	서울	O		O
명지대	서울	O		O
부산교대	부산		O	O
부산외대	부산		O	O
삼육대	서울	O	O	
상명대	서울	O		O
서울과학기술대	서울	O		O
서울교대	서울		O	O
서울대	서울	O	O	O
서울시립대	서울		O	O
서울여대	서울	O		O
성공회대	서울	O		O
성균관대	서울	O		O
성신여대	서울	O	O	O
세종대	서울		O	O
숙명여대	서울	O	O	O
숭실대	서울	O		O
아주대	경기	O	O	O
연세대	서울		O	O
인천대	인천	O		O
인하대	인천	O		O
이화여대	서울	O	O	
전남대	광주	O		O
전북대	전북	O	O	O
전주교대	전북		O	O
조선대	광주	O	O	O

대 학	지 역	면접유형		예시문항 제공 여부
		일반면접 (인성 확인 면접)	제시문 면접 (심층 면접)	
중부대	충남	O		O
진주교대	경남	O	O	O
청주교대	충북		O	
춘천교대	강원		O	O
충남대	대전	O	O	O
충북대	충북	O		
평택대	경기	O		O
한국교원대	충북		O	O
한국외대	서울	O	O	O
한국항공대	경기	O		O
한동대	경북	O	O	O
한림대	강원	O		O
한성대	서울	O		O
한양대(에리카)	경기	O		O
호서대	충남	O		O
홍익대	서울		O	

〈 자료 출처 : 대입포털 '어디가' 〉

주요 면접 전형 파헤치기

① 일반면접의 모든 것

유형 특징

인성 확인 면접 또는 서류 기반 면접이라고도 불리는 일반면접은 주로 학생부와 자기소개서, 추천서 등 학생의 제출 서류를 기반으로 질문합니다. 면접 시간은 보통 10분 내외이며 서류의 진위를 확인하기 위한 질문도 상당수 있으므로 수험생은 자신이 제출한 서류에 대해 충분히 숙지해야 합니다. 서류를 기반으로 질문이 나올 때 오픈북 테스트에 임한다는 생각을 하고 서류를 꼼꼼히 살펴보며 예상 질문을 미리 추려보는 것도 가능합니다. 서류를 바탕으로 질문한 내용에 대해 정확히 답변하지 못할 경우 서류의 신뢰도 자체에 의심을 받을 수 있기 때문에 진위 확인을 묻는 질문은 반드시 정확하게 답변할 수 있어야 합니다.

또한 지원자의 인성 및 가치관을 평가하는 것도 이 면접의 중요한 요소입니다. 인성과 가치관은 서류만으로는 확인하기 어렵기 때문에 지원자가 어떤 사람인지 파악하기 위한 다양한 질문을 줍니다. 이러한 질문은 정해진 답이 있는 것은 아니지만 즉흥적으로 대답하기에는 자신을 효과적으로 드러내기 어려운 질문이 많습니다. 따라서 자신에 대해 깊이 있게 고찰하고, 지원 학과와 진로 희망에 비추어 보았을 때 자신이 어떤 사람인지 효율적으로 드러내는 방법을 찾아 답변 연습을 해야 합니다.

　　전공 적합성 및 잠재적 가능성을 확인하기 위한 문항도 상당수 출제됩니다. 지원자가 대학 및 학과에서 얼마나 잘 적응하고 좋은 학습 성과를 낼 수 있는지 평가하기 위함이므로 지원 학과 및 전공에 관련된 기초지식을 충분히 갖추고 있다는 것을 드러내야 합니다. 자신의 서류를 바탕으로 지원 학과와 관련되는 동아리 활동, 교과 특이사항, 봉사 활동, 독서 활동 등의 항목을 뽑아 예상 질문을 뽑아볼 수 있습니다. 가장 중요한 것은 학과에 지원한 동기, 진로를 위한 노력, 앞으로의 학업 계획 등인데 이러한 질문들이 나왔을 때 지원 대학 및 학과의 특성에 맞춰 자신의 가능성을 명확히 드러내야 좋은 평가를 받을 수 있습니다.

- 1분 내외로 간단히 자신을 소개해보세요.
- 이 학과에 지원한 동기를 말해보세요.
- 학창시절 가장 인상 깊었던 경험을 말해보세요.
- 리더십을 발휘한 경험과 배우고 느낀 점을 이야기해보세요.
- 동아리 활동에서 자신이 어떤 역할을 맡았는지 이야기해보세요.
- 좌절이나 실패를 한 경험과 이를 어떻게 극복했는지 말해보세요.
- 자신의 꿈을 이루기 위해 대학 입학 후 어떻게 할 것인지 학업 계획을 이야기해보세요.
- 독서 목록에 있는 책 가운데 가장 기억에 남는 책을 소개해 보세요.
- oo라는 책을 읽었는데 이 책의 주제와 느낀 점을 이야기해보세요.
- 수상 경력 중에 가장 의미 있는 경험이 무엇인지 이야기해보세요.
- oo 대회에 출전했다고 했는데, 준비 과정에서 어려움은 없었는지, 어떻게 극복했는지 이야기해보세요.
- 자신의 장·단점이 무엇이라고 생각하는지 구체적 사례를 들어 말해보세요.
- 다른 사람들과 갈등을 빚었던 경험이 있는지 이야기해보세요.
- 과목별 성적 편차가 큰 편인데 특별한 이유가 있는지 설명해보세요.
- 가장 자신 있는 과목과 자신 없는 과목을 이야기해보세요.
- 마지막으로 하고 싶은 말이 있다면 이야기해보세요.

🖋 평가 요소

기본적으로 지원자의 인성이나 태도를 판단하고, 자기소개서, 추천서, 학생부 서류의 진위 여부 등을 종합적으로 평가하기 위한 유형입니다. 자기소개서 외에도 학생부에 있는 수상경력, 세부능력 및 특기 사항, 봉사활동, 독서 활동, 행동특성 및 종합의견 등의 항목 모두가 검증 대상이 되므로 서류를 꼼꼼히 살피는 것이 가장 중요합니다.

나아가 지원자가 학과에 대해 얼마나 이해하고 있는지도 중요한 평가요소입니다. 따라서 자신의 활동 가운데 지원 학과와 관련된 내용 위주로 답변을 준비할 필요가 있습니다. 예를 들어 컴퓨터공학과에 지원하는 학생이라면 서류에 있는 수많은 활동 가운데 '4차산업혁명에 관한 책을 읽었는데 가장 인상 깊었던 점을 말해보세요.' 또는 '빅데이터 관련 팀 프로젝트를 진행했는데 준비과정에서 새롭게 알게 된 사실을 이야기해보세요.'와 같이 전공 관련 질문이 주어질 확률이 높습니다. 따라서 서류에 있는 내용 가운데 지원 학과 및 전공에 관련된 내용을 따로 선별하여 관련 기초지식을 학습해두는 것도 좋은 방법입니다.

위의 질문들에 대한 답변 노하우는 다음 챕터에서 보다 자세히 다루고 있으니 실전 답변 방법도 함께 연습할 수 있습니다.

📚 유형 공략 TIP

☑ 99%는 서류에서 나온다! 자기소개서, 학생부, 추천서는 완벽히 숙지할 것!
☑ 지원 학과와 자신의 활동 간의 연결고리를 찾아 자신의 가능성을 드러낼 것!
☑ 전공에 대한 기초지식도 중요한 평가요소임을 잊지 말 것!

2 제시문 면접의 모든 것

✎ 유형 특징

주어진 제시문을 읽고 질문에 답하는 방식으로 진행됩니다. 인·적성 면접에서 확인하기 어려운 지원자의 심층적 역량을 평가하기 위해 전공 관련 제시문이 출제됩니다. 서울의 주요 대학, 그중에서도 상위권 대학의 학생부종합전형에서 주로 실시되는 전형으로, 말로 보는 논술시험이라고 할 만큼 난이도가 높기 때문에 지원자들이 가장 어려워하는 유형에 꼽힙니다. 단기간에 준비하기에는 무리가 있는 면접 유형이며 가장 많은 지원자가 어려워하는 면접 유형이기 때문에 미리미리 철저한 대비를 해두어야 합니다.

면접 방식은 이렇습니다. 먼저 대기실에서 주어진 제시문과 질문지를 읽고 답변을 구상한 뒤, 면접실에 들어가 답변하는 순서로 이어집니다. 그리고 나면 면접관이 꼬리 질문을 하는 방식으로 진행됩니다. 면접 전 약 10~30분간의 준비 시간을 주고 문제에 대해 답변을 구상할 수 있게 합니다. 제시문을 대기실에서 미리 읽어보고 답변을 구상할 수 있게 하는 학교도 있는 반면, 면접실에 들어가 즉석에서 면접 문제를 읽고 답하게 하는 학교도 있으므로 학교별 기출문제를 통해 면접 진행 방식을 꼼꼼히 확인해두어야 합니다.

〈대기실〉 제시문 읽고 답변 구상 → 〈면접실〉 답변 → 〈면접실〉 꼬리 답변

제시문은 학과 및 전공에 따라 다양한데, 그래프나 도표, 그림 등이 주어질 수도 있고 영어 제시문이 등장하기도 하며, 수리 문제 풀이를 요구하는 경우도 있습니다. 이전에는 모집단위별로 문항이 구분되는 편이었으나 최근에는 계열별, 단과대학별로 공통 문항을 활용하여 평가하는 비중이 높아지고 있습니다.

인문계열의 경우

해당 전공과 관련된 고등학교 교과 지식의 이해도를 기반으로 제시문이 출제되기 때문에 자신의 지원전공과 관련된 교과서 내용은 꼼꼼히 익혀두는 것이 좋습니다. 특히 경영학, 경제학, 사회학과 등의 경우에는 시사적인 이슈를 교과 개념과 연결해 묻는 문제가 출제되기도 하므로 평소 최신 이슈에 대해 논리적 쟁점들을 따로 정리해두는 것이 도움이 될 것입니다.

자연계열의 경우

수학 및 과학과 관련된 주요 개념과 원리를 숙지하는 것이 필수입니다. 교과 개념을 활용하여 문제를 해결하는 제시문이 주로 출제되기 때문입니다. 계열 특성상 수학, 과학의 개념과 원리를 통합적으로 이해하는 것도 중요하기 때문에 평소 꾸준한 학습이 반드시 선행되어야 합니다.

또한 시사 문제나 토론이 가능한 주제를 중심으로 출제하는 경우도 더러 있습니다. 예를 들어 국민대학교는 시사 문제를 뽑은 뒤 그에 대한 자기 생각을 말하는 방식이고, 교대에서는 토론 형식으로 면접을 진행하기도 합니다. 이런 경우 지원자들의 생각이 얼마나 논리적이고 타당한지 평가하는 것은 물론, 토론 자세나 시사에 대한 이해도까지 종합적으로 평가할 수 있습니다.

제시문 면접이 일반 논술과 차별화되는 점은 문제를 풀이하는 과정을 중시한다는 점입니다. 따라서 제시문을 받은 뒤 문제에 대해 쉽게 답을 찾지 못한다고 좌절할 필요는 없습니다. 문제를 풀이하는 과정이 정확하고 타당하다면, 그 자체로도 유리한 평가를 받을 수 있기 때문에 끝까지 포기하지 않고 제시문을 해결하려는 자세가 중요합니다.

또한 면접은 답을 이야기하는 것에서 끝나는 게 아니라 면접관이 꼬리 질문을 할 수 있다는 점도 중요한 특징입니다. 즉, 어떤 반박이 들어와도 당황하지 않고 논리정연하게 근거를 설명할 수 있는 능력까지 요구되는 것입니다. 이처럼 제시문 면접은 면접 유형 가운데 가장 까다롭다는 평가를 받기도 하지만, 지원자가 답을 내놓는 그 자체를 보는 것이 아니라 답을 이야기하는 과정까지 평가하기 때문에 충분한 대비만 이루어진다면 자신의 가능성을 보여줄 좋은 기회가 될 것입니다.

질문 사례

- 제시된 글은 장자의 "인간의 지식에 의한 선과 악은 구별되는데, 이 선과 악 역시 명예, 권력에 의한 것이다. 따라서 자연 상태에 순응한 삶이 최상의 삶이다."라는 지문이다. 윗글의 대의를 말하고, 자연에 순응하는 삶(경험을 통한 교육방식)과 학교 교육에 따르는 삶(지식 전달의 교육방식)이 조화될 수 있는지 말하시오.

제시문
- 탈레반 지도자를 찾기 위해서 미국특수부 대원이 잠복함.
  잠복 도중 농부 2명과 어린 소년이 염소 100마리를 데리고 나타남. 이들을 죽일 것 인가 말 것 인가의 후과 반수로 그냥 보내 주기로 함. 시간이 지나고 포위됨. 그래서 4명 중 3명 사망. 헬기추락으로 20명 정도 사망.
  1) 당신이 그 상황이었다면 어떤 판단을 내릴 것 인가?
  2) 당신의 선택이 사회적 규범이나 질서에 어떤 영향을 미칠 것인가?

- ASEM 회의가 서울에서 열렸을 때 국내외 시민 단체들이 반대 시위를 벌였던 배경과 이유에 대해 말하시오. (고려대-한국.동양어문학부)

- 빛을 이용하지 않고 포도당을 만드는 세균이 있는가?(서울대-자연과학부(기초과학계))

- 광합성 과정을 명반응, 암반응으로 자세히 설명해 보라. (서울대-자연과학부(기초과학과학계))

- 제시문의 내용을 파악하고 인간과 자연의 관계에 대해 말하시오. (서울대-응용생물화학부)

- 우주로의 탐험에 대한 연구가 활발한 지금, 우주여행을 위한 셔틀의 재료와 성질은?
  (서울대-재료공학)

- 33224411=2n에서 Ndmf 구하는 과정을 서술하여라. (서울대-전기공학부)

- 제시된 한문 문장을 읽으시오. (고려대-중국중문학과)

- 현대 사회의 특성과 관련하여 제시된 글을 바탕으로 '학교 교육'과 '학교 밖 교육'의 차이점에 대해 말하시오. (서울대-영어교육학과)

- 여러 장의 그림 – 이중섭, 피카소, 박내현, 밀레, 고갱 등등의 교과서에 실린 작품들을 제시하고 작가를 맞춰 보라는 문제, 거의 10장 정도, 앞에서 제시한 그림들 중 무작위로 하나를 뽑아 5분의 시간을 주고 도화지에 크레파스로 그려보라고 함. (서울대-건축학과)

- 재개발 건축 지역-최신식 고층 아파트와 소위 '달동네'라 불리는 단층 주책이 혼재해 있는 사진을 제시하고 이러한 건축 현실의 문제점과 유익한 점을 말해 보라. (서울대-건축학과)

- 왜 한국인들은 기초 과학보다 응용과학에 치중하는지 말하시오. (고려대-전자공학과)

- 콩과 쌀을 담은 가마니에서 각각의 부피를 10분 안에 구할 수 있는 방법을 말하시오. (고려대-전자공학과)

- MS-DOS와 윈도우의 가장 큰 차이점을 말하시오. (고려대-컴퓨터공학과)

🖋 평가 요소

면접관은 제시문 면접을 통해 지원자가 지원전공에 대해 얼마나 이해하고 있는지 학업능력은 물론, 지원자의 전공 적합성과 문제해결 능력까지 종합적으로 평가하고자 합니다. 따라서 지원자의 가능성을 가장 정확하게 평가할 수 있는 유형 중 하나이지만 그만큼 지원자들에게는 가장 까다로운 유형으로 분류됩니다.

제시문 면접은 흔히 논술의 축소판이라고 말합니다. 그만큼 논리정연한 구성 역시 중요한 평가요소입니다. 제시문 면접이 더욱 어려운 이유는 제시문을 이해하고 답안을 작성하는 시간이 충분하지 않다는 점 때문입니다. 약 10~30분 내외의 짧은 시간 동안 제시문을 이해하고 답변 내용까지 구상한 뒤 논리정연하게 답변을 할 수 있어야 하기 때문입니다. 따라서 사전에 기출문제를 충분히 풀어보며 머릿속으로 구상한 답안을 논리적으로 말할 수 있도록 녹음이나 동영상 촬영 등을 적극적으로 활용하는 것이 도움이 될 것입니다.

나아가 지원전공과의 연관성 및 이해도 역시 중요한 평가영역입니다. 단순히 주어진 제시문에 대한 답을 하는 것 자체로 끝나는 게 아니라, 지원자가 전공에 대해 얼마나 많은 관심을 두고 공부해왔는지, 해당 전공에 대해 얼마나 적절한 이해도를 갖고 있는지까지 답안에서 드러나야 합니다. 따라서 제시문을 보고 답안을 구성하는 단계에서 지원전공과의 연관성을 고려해 답변을 준비할 필요가 있습니다. 보다 효과적인 준비를 위해서는 평소 전공 관련 이슈나 교과 개념에 대해 자신의 견해를 따로 정리하는 노트를 만들어두는 습관을 들이는 것이 도움이 될 것입니다.

제시문 면접은 지원자의 오랜 습관에서 비롯된 학업 역량과 전공에 대한 소양을 평가하는 것이므로, 꾸준하고도 탄탄한 대비가 반드시 이루어져야겠습니다.

유형별 Q&A, 빈출 질문과 답변

1 일반면접, 빈출 질문 공략법

유형 특징

자기소개를 1분 내외로 간단히 해보세요.

　면접에서 자기소개를 요구하는 것은 지원자가 자신의 역량을 얼마나 핵심적으로 표현할 수 있는지 확인하기 위함입니다. 이 질문을 통해 면접관은 지원자에 대해 보다 뚜렷한 인상을 갖게 됩니다. 면접에서 보통 첫 번째 질문이기 때문에 첫인상을 결정한다고 봐도 무방합니다.

　대부분의 학교에서 자기소개는 1분 내외로 간략하게 할 것을 요구하는데, 그 짧은 시간 동안 자신의 역량을 압축적으로 드러낼 수 있어야 합니다. 면접 시간은 대개 10분~20분 내외로 제한되어 있기 때문에 이 질문에 지나치게 많은 시간을 써버리면 다음 질문들에 답변할 시간이 줄어들게 되고, 전체적인 질문의 개수도 줄어들게 됩니다. 따라서 시간을 반드시 지켜서 답변해야 합니다.

　또한 얼마나 설득력 있는 근거와 경험으로 자신을 드러내는지도 중요한 평가요소가 됩니다. 흔히 자신을 매우 특별한 대상에 빗대어 표현하곤 하는데, 정작 그렇게 생각하는 근거는 드러나지 않는 답변이 많습니다. 이러한 답변은 그저 추상적인 답변에 불과하고, 지원자의 역량을 효과적으로 드러내기 어렵습니다.

따라서 이 질문이 주어졌을 때는 다음과 같은 3단계 과정으로 답변을 구상하는 것이 좋습니다.

3단계 과정 답변 🖊

☑ 나의 핵심 역량을 참신한 문장으로 소개
☑ 근거가 될 만한 구체적 경험과 사례 설명
☑ 앞으로 자신의 역량을 어떻게 펼쳐나갈 것인지 포부 정리

즉, 먼저 자신의 핵심 역량을 소개한 뒤 반드시 이를 뒷받침할 만한 근거가 이어 져야 합니다. 그리고 마무리를 할 때는 자신이 어떻게 이 역량을 발전시켜왔는지, 또 앞으로 어떻게 발전시켜 나갈 것인지 등을 포부로 이야기함으로써 답변을 완성 할 수 있습니다.

이때 주의해야 할 것은 미리 준비한 답변을 그저 읽는 것에 불과한 답변이 되어서는 안 된다는 것입니다. 자기소개는 빈출도가 높은 질문이기 때문에 많은 수험생들이 미리 답변을 연습해오는 경우가 많은데, 너무 외운 티가 나게 답변하는 경우 오히려 역효과가 생길 수 있습니다. 키워드 중심으로 준비는 하되, 달달 외워서 답변하는 것은 지양하는 편이 좋습니다.

또한 이 답변을 통해 면접 전체의 방향을 이끌어 갈 수도 있기 때문에 지원전공과 자신의 연관성을 강조해주는 것도 좋은 방법입니다. 지원전공에 꼭 필요한 역량을 자 신의 강점으로 드러내거나, 자신의 장점을 바탕으로 실제 성과를 거둔 사례까지 이 야기한다면 지원전공에 대한 역량까지 자연스럽게 드러낼 수 있습니다.

면접관이 가장 궁금해하는 것은 지원자가 어떤 사람인지에 있습니다. 따라서 그럴 듯한 말들을 그대로 가져다 답변하는 것은 결코 도움이 되지 않습니다. '나'라는 사람에 대해 고민한 결과를 바탕으로, 자신의 핵심 역량을 드러내는 것이 가장 좋은 방법입니다.

답변 꿀 TIP

- ☑ 자신의 가장 핵심적인 역량을 강조할 것
- ☑ 구체적인 사례와 경험을 들어 뒷받침할 것
- ☑ 40초~1분 내외의 시간 안에 자신을 소개할 것
- ☑ 면접관의 기억에 남을 만한 멘트를 활용할 것
- ☑ 독특한 좌우명, 생활신조, 어록을 인용하는 것도 가능
- ☑ 지원 학과와의 연관성을 드러내는 것도 좋은 방법

만점답변 훔쳐보기 ▶

안녕하십니까. 저는 개구리 왕눈이처럼 일곱 번 넘어져도 다시 일어나는 열정과 근성을 지닌 지원자입니다. 아이들을 행복하게 만드는 유치원 교사가 되겠다는 꿈을 갖고 지역 아동들을 가르치는 교육 봉사 활동을 하며 유치원 교사가 지녀야 할 자질을 길렀습니다. 아이들 중 몇몇이 낯선 선생님과의 수업에 적응하지 못하고 거부의사를 밝히자 처음에는 서운한 감정이 앞섰지만 아이가 느끼는 감정의 변화를 충분히 이해하고 다가가야겠다는 생각이 강해졌습니다. 저는 수업 시작 전에 아이들과 먼저 오티 시간을 가지며 자연스럽게 친해질 수 있는 분위기를 만들었고, 그 결과 아이들 모두가 제 수업에 기쁘게 참여하는 결과를 낳았습니다. 이처럼 유치원교사가 되기 위한 모든 과정이 늘 순탄하기만 한 것은 아니었지만 시행착오들 속에서 꿈을 향해 한 발짝 씩 나아갔다고 생각합니다.

앞으로도 저는 아이들을 만나고 가르치는 모든 과정에서 어려움은 더 적극적으로 극복해내는 교사로 성장하고 싶습니다.

이렇게도 나온다! 심화 질문

❓ 자신을 동물에 빗대어 표현한다면 무엇이 있을까요?

❓ 다른 사람과 구별되는 자신만의 특징을 한 가지 이야기해보세요.

❓ 자신의 장점을 중심으로 30초간 자신을 소개해 보세요.

일반면접 빈출 Case 2.

! **우리 학과에 지원한 동기를 이야기해보세요.**

　지원 동기는 일반면접에 가장 빈번하게 나오는 질문 중 하나이며, 지원자의 전공 적합성 및 관심도를 평가할 수 있기 때문에 매우 중요도가 높은 질문입니다. 흔히, 자기소개-지원동기-마지막으로 하고 싶은 말은 일반면접의 TOP3로 불릴 만큼 많이 나오는 질문이므로 미리 준비를 해두는 것이 필요합니다. 특히나 학생부종합전형은 특히나 전공에 대한 학생들의 준비 과정과 열정을 높이 평가하기 때문에 지원동기가 구체적일수록 좋은 평가를 받을 수 있습니다. 이때 지원동기는 학과를 선택한 이유를 묻기도 하고, 이 학교를 선택한 이유를 묻기도 합니다. 두 경우 모두 학과와 학교에 대해 얼마나 관심을 갖고 있는지가 드러나는 질문이므로, 평소 자신이 지원하고 싶은 대학과 학과에 대해 구체적인 정보를 알고 있는 것이 도움이 될 것입니다.

　이 질문을 한 면접관의 의도를 생각해볼까요? 해당 학과의 교수이기도 한 면접관은 지원자가 이 학과를 선택한 특별한 계기가 무엇인지, 이 학과에 들어오기 위해 그동안 어떤 노력을 해왔는지가 가장 궁금할 것입니다. 즉, 수많은 학과 중 하필 이 학과를 선택한 지원자만의 스토리가 궁금한 것이죠.

　따라서 가장 먼저 해야 할 일은 이 학과를 선택한 자신만의 이유를 말하는 것이고, 두 번째는 구체적인 계기가 된 경험을 덧붙이는 것입니다. 지원자가 고등학교 시절 수많은 경험 중 이 학과에 특별한 관심을 갖게 된 계기가 있다면 그 경험을 바탕으로 지원동기를 풀어갈 수 있습니다. 또한 지원학과에 응시하기 위해 특별히 관심을 갖고 활동했던 동아리, 봉사, 독서, 자율활동 등 다양한 활동 가운데 지원 학과와 밀접한 관련을 갖고 있는 활동을 주요 소재로 활용할 수 있습니다.

지원 학과를 어떻게 알게 되었는지, 이 학과에 와서 무엇을 하고 싶은지도 구체적이어야 합니다. 많은 학생들이 자신의 진로에 대해 장황한 이유를 들어 설명하고는 있지만 정작 그 학과에서 무엇을 배우는지, 자신의 희망 진로가 어떤 일을 의미하는지에 대해서는 구체적으로 이야기하지 못하는 경우가 있습니다. 따라서 지난 3년간 수많은 경험과 체험을 통해 알게 된 지원 학과에 대한 구체적 정보와 계획이 드러나는 것도 좋은 답변이 될 수 있습니다.

특히 지원 동기는 진로 희망사항과도 밀접한 관련이 있습니다. 지원 동기를 진로와 연관시킬 경우 다음과 같은 구성으로 답변할 수 있겠습니다.

반드시 짚고 넘어가야 할 체크 포인트! ✏

☑ 자신의 꿈(진로 희망 사항) 소개
☑ 꿈을 이루기 위한 활동 가운데 지원 학과를 알게 된 경위 소개
☑ 지원 학과와 관련된 활동과 노력
☑ 경험을 통해 깨달은 점
☑ 지원 학과 입학 후 계획 및 포부

즉, 자신의 꿈을 이루기 위해 어떤 노력을 했는지, 지원 학과에 응시하기 위해 어떤 경험을 했는지가 구체적인 근거로 뒷받침된다면 보다 구체적인 답변이 가능합니다. 지원자가 얼마나 전공에 대한 이해를 갖고 접근했는지 드러나기 때문에 전공 적합성 면에서도 우수한 평가를 받을 수 있습니다.

☑ 지원 학과에 대한 구체적 이해를 드러낼 것
☑ 지원 학과를 알게 된 특별한 계기를 소개할 것
☑ 진로에 대한 목표와 지원 학과를 연관시킬 것
☑ 지원 학과에 적합한 자신의 강점을 드러낼 것
☑ 지원 학과에 응시하기 위한 자신의 노력 과정을 드러낼 것
☑ 학과 소개가 아닌 '나'의 이야기를 할 것

만점답변 훔쳐보기

저는 소외된 사람들에게 사랑을 주는 사회복지사가 되기 위해 이 학과에 지원했습니다. 어려서부터 요양원에서 봉사활동을 하며 장애인과 노인들의 더 나은 삶에 꾸준히 관심을 가져왔습니다. 처음에는 장애인과 노인들을 위한 편의시설을 만드는 건축가가 되고 싶다는 생각을 갖고 이과에 진학했었습니다. 하지만 사회적 약자들과 더 직접적으로 소통하고 도움을 주는 사회복지사라는 꿈을 확고하게 가졌습니다. 그래서 사회복지학과가 국내에서 가장 먼저 설립된 OO대학교 사회복지학과에 지원하였습니다. 저는 실제로 사회복지사가 되기 위해 위안부 수요 집회에 매주 참석하고, 요양원에서 봉사활동을 꾸준히 이어오는 등 사회적 약자를 돕는 실천적 노력들을 해왔습니다. 앞으로 사회복지학과에 입학한 뒤에도 사회적 약자들의 고민을 해결하는 동아리를 만드는 등 다양한 나눔을 실천하고 싶습니다.

② 제시문 면접, 빈출 질문 공략편

　제시문 면접은 서울 주요 상위권 대학에서 꾸준히 실시하고 있는 면접 유형입니다. 따라서 각 대학교에서 발표한 제시문 면접 기출고사의 해설 자료와 예시답안을 살펴보며 제시문 면접에 대처하는 방법을 익혀보겠습니다.

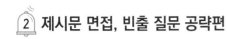 제시문 면접 기출 Case 1. **서울대학교**

> 🎓 **인문학(오전)**
>
> 　㈎ 백남준의 예술은 음악에서 출발하여 실험적 해프닝을 거치며 시각적 요소가 접목되어 새로운 영역을 열었다. 그는 자신이 추구하는 음악에 모두가 함께 눈으로 볼 수 있는 행위를 덧붙이고자 하였다. 그의 예술 세계는 음악이라는 청각적 요소와 행위라는 시각적 요소가 결합된 일종의 복합적 형태로 확대된다. 실제로 백남준은 공연 도중 피아노와 바이올린을 부수거나 관객의 넥타이를 자르는 등 기존 음악이 추구하는 미적 질서를 파괴하기도 했다.
>
> 　㈏ 오페라의 탄생은 르네상스 시기 피렌체의 인문주의자 모임 '카메라타'*에서 비롯되었다. 이들은 그리스 비극을 공연예술이 다다를 수 있는 최상의 상태라고 생각했기에 글로만 전해졌던 그리스 비극을 무대 위에 복원하고자 했다. 하지만 그리스 비극의 공연 방식에 대해 알려진 바는 많지 않았다. 배우들과 '코러스'라 불렸던 무대 위의 배역들이 소박한 반주에 맞춰 간단한 단선율의 노래로 대사를 전달했고, 코러스는 춤을 추기도 했다는 정도가 고작이었다. 따라서 완벽한 복원이 목표였다 해도 르네상스 시기의 악기로 구성된 오케스트라가 동원되고 당대의 발전된 화성 기법이 활용되는 것은 피할 수 없었다. 그리하여 그 첫 성과인 『다프네』가 개봉되었을 때 카메라타 회원들은 그리스 비극의 '완벽한 복원'을 마주하고 크게 환호했다. 오래지 않아 '재탄생한 그리스 비극'들은 '오페라'로 불리기 시작했다.

*카메라타: '카메라[방]에 모인'이란 의미의 이탈리아어이다.

〔다〕 가야금을 연주하며 미술을 하는 정자영 작가의 『견월망지(見月望指)』가 전시된다. '견월망 지'란 달을 보게 되면 달을 가리키던 손은 잊으라는 동양사상의 표현이다. 작가는 컴퓨터 기술을 활용하여 가야금 소리를 데이터로 만들고 이미지들을 창조한다. 이를 스크린에 투사함으로써 한국인의 정신세계를 예술로 승화시킨다.

Question ?!

Q1 (가)와 (나)는 새로운 예술 양식의 출현을 서술하고 있다. 각각에 나타난 융·복합의 양상을 설명하고, 이를 고려하여 (다)에 소개된 견월망지의 특징을 말하시오.

Q2 (가)와 (나)는 예술 융·복합이 지속가능성의 관점에서 비교적 성공을 거둔 사례이다. 이러 한 사례로부터 예술 융·복합 기획의 성공 여부를 판단할 수 있는 기준 하나를 도출해 설 명하시오(제시문들의 사례를 포함한 현실에서의 예시를 사용할 수 있음)

서울대학교는 30분 내외의 주어진 시간 동안 제시문을 이해하고 자신의 생각을 정리하여 문항에 대한 답변을 준비합니다. 면접 시간은 15분 내외이며 문항에 대한 답변 외에도 면접관의 추가 질문에 대한 답변으로 진행됩니다.

서울대학교 제시문 면접의 경우, 지원자의 답변이 면접관을 얼마나 설득할 수 있는 논리를 갖추었는지가 중요한 평가 요소입니다. 특히 인문계열 문항의 경우 정해진 답이라는 것이 존재하지 않기 때문에 왜 그런 답을 하게 되었는지에 중점을 두고 설득력 있게 답안을 구성하는 것이 중요합니다.

📖 답변 꿀 TIP

- ☑ 제시문을 정확하게 이해하고 문항 요구에 맞는 답을 할 것
- ☑ 제시문을 정확하게 이해하고 문항 요구에 맞는 답을 할 것
- ☑ 답변의 근거가 얼마나 타당한지 끊임없이 점검할 것

Q1 (가)는 음악과 행위, 즉 시각과 청각이라는 감각의 결합을 통해 융복합의 예술 양식을 보여주고 있습니다. (나)에서는 과거 그리스의 비극을 르네상스 시대의 기법과 방법으로 재창조하는 모습이 나타나 며, 이는 과거와 현재가 결합되어 발생한 융복합 예술의 양식을 보여줍니다. 이러한 융복합의 양상을 고려하여 (다)의 '견월망지'는 (가)에서 나타난 감각의 결합을 통한 융복합의 예술 양식과 (나)에서 나타난 과거와 현재가 결합한 융복합의 예술 양식을 모두 가지고 있습니다. 가야금 연주라는 청각적 심상과 스크린 투사를 통한 시각적 심상을 접목하였고, 전통 악기인 가야금을 컴퓨터 기술을 통해 현대적으로 생산하여 전통의 계승과 재창조를 보여주고 있습니다.

Q2 창작자의 입장에서는 창작 의도가 특정한 융복합적 시도에서 실현되었다면 이를 성공이라고 볼 수 있을 것입니다. 하지만 예술의 영역은 창작자뿐만 아니라 수용자, 비평계, 예술 전시업계 그리고 후원자 등 다양한 주체들이 상호작용하는 공간입니다. 이러한 예술의 영역에서 융복합 기획의 성공 여부를 판단하기 위해 지속가능성을 고려할 필요가 있습니다. 백남준의 예술이나 오페라는 그 예술성을 넘어 오랫동안 수용자들이 향유하였고, 비평계와 예술 전시업계 등이 백남준의 예술과 오페라 등을 지속적으로 주목하였습니다. 이러한 예술 융복합의 성공 기준 중 하나라 할 수 있는 지속가능성은 예술의 대중화가 함께 이루어져야 가능합니다. 오늘날 미술관은 기존의 2D와 같은 미술 작품의 전시에서 벗어나 음악, 영상, 또는 현장 공연 등 다양한 장르의 전시로 변모하고 있습니다.

최근에는 VR과 현대미술이 접목하여 수용자의 참여를 이끌어내어 수용자와 생산자의 경계를 허물고 있기도 합니다. 이러한 전시회가 지속적으로 기획되고 소비되는 이유는 예술이 대중성을 띠고 있기 때문입니다. 융복합 전시회가 시작되면서 대중들은 예술에 조금 더 쉽게 다가가고 있습니다.

❓ 제시문 면접 기출 Case 2. **서울시립대학교**

🎓 2018학년도 학생부종합전형-인문계열(경영학부)

〔가〕 2004년 여름 멕시코만에서 세력을 일으킨 허리케인 찰리가 미국 플로리다를 휩쓸고 대서양으로 빠져나갔다. 그 결과 스물두 명이 목숨을 잃고 110억 달러에 이르는 손실이 발생하였다. 뒤이어 가격 폭리 논쟁이 불붙었다. 나무가 쓰러지는 바람에 전기톱과 지붕 수리에 대한 수요가 높아졌다. 건설업자들은 지붕을 덮친 나무 두 그루를 치우는데 무려 23,000달러를 요구했다. 가정용 소형 발전기를 취급하는 상점에서는 평소 250달러 하던 발전기를 2,000달러에 팔았다. 일흔일곱의 할머니는 나이 든 남편과 장애가 있는 딸을 데리고 허리케인을 피해 모텔에서 묵었다가 하루 방값으로 160달러를 지불해야 했다. 평소 요금은 40달러였다. 플로리다 주민들은 바가지요금에 분통을 터뜨렸다. 〈USA 투데이〉는 '폭풍 뒤에 찾아온 약탈 자'라는 머리기사를 실었다. 한 주민은 지붕 위에 쓰러진 나무 한 그루를 치우려면 10,500달러가 들 것이라며 남의 불행과 고통을 이용해 이익을 챙기는 부도덕한 것이라고 하였다. 플로리다주 법무장 관도 같은 생각이다. "허리케인이 지나간 뒤에 남의 고통을 이용해 먹으려는 사람들의 탐욕이 도를 넘었다."라고 하였다. 플로리다에는 '가격 폭리 처벌법'이 있어서, 허리케인이 지나간 뒤 법무장관 사무실에 2,000건이 넘는 피해 사례가 접수

되었다. 이 중에는 소송에서 승리한 경우도 있다. 그러나 법무부 장관 이 가격 폭리 처벌법을 집행하려 하자 일부 경제학자들은 해당 법에, 그리고 주민들의 분노에 오해의 소지가 있다고 주장하였다.

– 마이클 센델, '정의란 무엇인가', 2010.

Question ?!

Q1 '남편과 장애가 있는 딸을 데리고 모텔에 투숙한 할머니의 예'에 대해 '소비자 잉여의 유무'의 관점에서 설명하고, 이에 대한 본인의 의견을 제시하시오.

Q2 플로리다주 정부가 가격 폭리 처벌법을 집행할 경우 예상될 수 있는 문제점이나 부작용을 제시하시오.

Q3 심한 가뭄으로 흉작인 배추의 가격을 평소보다 4배 이상 받은 상인의 행동은 도덕적으로 어떻게 판단해야 할지 설명하시오.

답변 꿀 TIP

- ☑ 문항에서 요구하는 것이 무엇인지 정확하게 파악할 것
- ☑ 제시문의 내용을 정확하게 이해하고 답할 것
- ☑ 나의 입장을 말할 때는 반드시 타당한 근거를 들 것

✏️ 이렇게도 나온다! **계열별 심층면접 기출문제**

🏛️ **공과대학**

- 21세기 정보화 사회에서 건축이 기여하게 될 부분에 대해 말하시오. (이화여대-건축공학)
- 인터넷 익명성에 따른 문제점과 대책을 말하시오. (이화여대 -정보통신공학)
- 정보 통신 분야에서 여성이 남성보다 유리한 이유를 말하시오. (이화여대-정보통신공학)
- 정보 통신 사업의 전망을 말하시오. (이화여대-정보통신공학)
- 21세기 컴퓨터의 미래를 말하시오. (이화여대-컴퓨터공학)
- 수학적인 지식(미분, 적분공식 등)을 얼마나 알고 있는지 말하시오. (이화여대-컴퓨터공학)
- 정보 통신학을 전공하려면 어떤 분야 (과목)를 공부해야 하는지 말하시오. (이화여대- 컴퓨터공학)
- 컴퓨터가 인간의 사고 능력을 저하시킨다는 주장에 대한 자신의 생각을 말하시오. (이화여대-컴퓨터공학)
- 1부터 100까지 홀수의 합을 구하는 프로그래밍을 해 보시오. (한국외대-컴퓨터.전자계열)
- 야후가 해킹된 이유에 대해 말하시오. (한국외대-컴퓨터.전자계열)
- 컴퓨터 데이터가 있을 때 평균을 구하는 프로그래밍을 해 보시오. (한국외대-컴퓨터. 전자계열)
- 발명과 컴퓨터 공학은 어느 정도 관련이 있는지 말하시오. (한국외대-컴퓨터.전자계열)
- 알고리즘에 대해 말해 보라. (가톨릭대-컴퓨터.전자공학부)
- 컴퓨터 공학에 대해 아는 대로 말해 보라. (동국대-정보통신공학부)
- 80km/h의 제동 거리를 말해 보라. (부산대-기계공학부)
- 벡터와 스칼라의 차이점은 무엇인가?(부산대-기계공학부)
- 일과 힘의 관계를 말해 보라. (부산대-토목조선해양공학과)
- 책상 위의 재떨이가 받고 있는 힘을 설명해 보라. (부산대-토목조선해양공학과)
- '마이크로 프로세서'의 의미는 무엇인가?(서강대-전자공학컴퓨터학계)
- $\cos x$ 를 x에 관해 미분하고, y에 관해 적분해 보라. (서강대-전자공학컴퓨터학계)
- 케이크를 칼을 세 번 써서 같은 크기로 8등분할 수 있는 방법에 대해 말해 보라.
- 동굴에서 분필 1개와 횃불만을 들고 길을 잃었을 때, 입구를 찾는 방법을 말해 보라. (서강대-전자공학컴퓨터학계)
- 열이 전도되는 원리를 설명해 보라. (서강대-전자공학컴퓨터학계)

🏛 생활과학대학

- 평소 식품 영양에 대해 실천하고 있는 것은?(서울대-의류. 식품. 영양학군)
- 자신이 가장 많이 구매하는 상품은 무엇이며, 어디서 구매하는지, 또 왜 그것에서 구매하는지, 물건을 살 때 가장 중점을 두는 것은?(서울대-소비자아동학부)
- 가족 살인, 가족 구타와 같은 사건을 막기 위해서는 어떤 대책이 있는가? (숙명여대-가정 아동복지학부)
- 명절 때마다 물가가 오르는 요인은 무엇인가?(서울대-소비자아동학과군)
- 청소년 비만증의 원인이 무엇이라고 보는가?(서울대-식품영양학과)
- '맹모삼천지교'의 뜻과 그에 대한 자기의 생각을 말하시오. (경희대-생활과학부)
- 최근 어패류에 납 성분이 검출된 사건과 관련하여 식품 첨가 문제가 사회적으로 많은
- 논란을 불러일으키고 있다. 그에 대한 대책은 무엇인지 말하시오. (경희대-생활과학부)
- 1년 동안 지구사에 떨어지는 빗방울의 개수를 모두 세려면 어떻게 해야 하는지 말하시오. (경희대-생활과학부)
- 외국의 음식 업체가 국내에 들어오는 현상에 대해 어떻게 생각하는지 말하시오. (경희대-식품영양학과)
- 지구상에 내리는 빗방울의 개수를 모두 셀 수 있는 방법이 있는지 말하시오. (경희대-식품 영양학과)
- 소금에 물이 녹는 원리를 구체적으로 말하시오. (서울대-식품공학과)
- 세포의 구성 물질에 대해 설명하고, 세포막의 역할은 무엇인지 말하시오. (서울대-식품공학과)
- 갈릴레이의 낙하 법칙에 대해 말하시오. (서울대-식품공학과)
- 용매와 용질이 어떻게 섞이는지 말하시오. (서울대-식품공학과)

🏛 인문대학

- 프랑스 문학 작품 중 가장 감명 깊게 읽은 작품은?(서울대-불어불문학과)

- 국어국문의 대상은 무엇인가?(서울대-국어국문학과)

- 중국문학과 한국문학의 관계에 대해 설명하라. (서울대-중어중문학과)

- 영문 독해 지문 해석(서울대-영어영문학과)

- 독일의 건축, 회화, 미술에 대해 말하라. (서울대-독어독문학과)

- 도스토예프스키에 대해 말하라. (서울대-노어노문학과)

- 돈키호테에 대해 말하라. (서울대-서어서문학과)

- 고려 무신 정권에 대해 비판하라. (서울대-국사학과)

- 동양사 속에서 가장 존경하는 인물과 그에 대해 설명하라. (서울대-동양사학과)

- 현실을 사는 우리에게 역사 교육이 미치는 영향은?(서울대-서양사학과)

- '너 자신을 알라'의 의미를 설명하라. (서울대-철학과)

- 종교와 철학은 근본적으로 같은가 다른가?(서울대-종교학과)

- 요즘 청소년들의 겸손과 자기 비하의 양면적 태도에 대한 견해를 말하시오. (연세대-유럽어문학부)

- 사군자의 미에 대해 설명하라. (고려대-고고미술사학과)

- 신채호의 역사관을 설명하라. (서울대-국사학과)

- 소크라테스의 '악법도 법이다'라는 말이 옳은가?(고려대-철학과)

- 국제 사회와 국내 사회의 차이를 예로 들어 말하시오. (서울대-외교학과)

- 경제 자유화에 대해 설명하고 우리나라가 얻을 득과 실을 논하시오. (서울대-외교학과)

- ASEM회의가 서울에서 열렸을 때 국내외 시민 단체들이 반대 시위를 벌였던 배경과 유에 대해 말하시오. (고려대-한국.동양어문학부)

- 성적과 글의 관계에 대해 말하시오. (고려대-국문학과)

- 셰익스피어의 인생관과 자기의 인생관을 비교하여 말하시오. (고려대-국문학과)

- 우리나라 문학계의 미래 전망에 대해 말하시오. (고려대-국문학과)

🏛 자연대학

- 자신이 선택하려고 하는 분야를 전공해서 인문 사회 과학 분야 전공자와 공동으로 연구를 수행한다면 어떤 분야가 적합하겠는가?(연세대-자연과학부)
- 빛을 이용하지 않고 포도당을 만드는 세균이 있는가?(서울대-자연과학부(기초과학계))
- 광합성 과정을 명반응, 암반응으로 자세히 설명해 보라. (서울대-자연과학부(기초과학과학계))
- 순수 과학과 응용과학의 차이를 말해 보라. (연세대-자연과학부)
- 생태계와 가장 관련이 깊은 분야를 기초 과학 중에 하나만 예로 들라. (경북대-기초과학부)
- N2와 O2의 차이는 무엇입니까? (서울대-자연과학부)
- 왜 손잡이는 문 끝 쪽에 위치하며 문을 열 때 손잡이는 왜 회전시켜야만 하는지 알고 있습니까? (고려대-자연과학부)
- 우리나라 과학 교육의 문제점은 무엇이라고 생각하는가?(서울대-자연과학대)
- 220v의 교류 - 전압의 최대값이 200 =311v이다. 그리고 진동수는 60Hz이다. 전압의 값을 sine 함수로 나타내시오. (서울대-자연과학대)
- mRNA로부터 단백질을 만드는 과정을 말하시오. (서울대-자연과학대)
- mRNA의 기능에 대해 말하시오. (서울대-자연과학대)
- Na+, F-, H20의 분자의 크기를 비교하고, 양성자수와 전자수를 말하시오. (서울대-자연과학대)
- 대기분석과 같은 방법 외에 생명체의 존재를 알 수 있는 방법에 대해 말하시오. (서울대-자연과학대)
- 삼각함수 sin 2 t, sin6 t의 주기를 구하시오. (서울대-자연과학대)
- 위 함수의 진동수를 구하고, 주기와 진동수의 관계를 말하시오. (서울대-자연과학대)
- 오존층 파괴의 원인과 대책에 대해 말하시오. (서울대-자연과학대)

특수 유형 대비 면접 노하우
교대면접, 의대면접, SW특기자면접

 교대면접편

✏️ 유형 특징

  교대 입시를 준비하는 학생들에게 면접은 필수와도 같을 만큼 비중이 매우 높은 편입니다. 대부분의 교대는 면접 전형을 실시하고 있고, 합격에도 굉장히 큰 영향을 주고 있습니다. 교대 면접은 일반적으로 심층적인 면접 형태를 띠고 있습니다. 그 이유는 교사로서의 자질과 적성 및 인성을 심도 있게 파악하려는 목적 때문입니다.

  교대 면접은 크게 개별면접과 집단면접으로 구분할 수 있습니다. 먼저, 개별면접은 기본적으로 학생부와 자기소개서 등 학생이 제출한 서류를 기반으로 한 면접입니다. 서류의 진위 확인은 물론, 서류를 기반으로 교직 적성과 인성을 평가하기 위한 질문이 주를 이룹니다. 또한 제시문 면접도 큰 비중을 두고 실시됩니다. 출제 범위는 크게 교직 적성과 일반교양으로 구분할 수 있습니다.

▮▮ 교직 적성 ▮▮

　　교대 면접에서 가장 중요하게 평가하는 영역 중 하나입니다. 지원자가 생각하는 교사상이 무엇인지, 교사를 선택한 계기, 교사로서의 자질 등을 꼼꼼히 살펴보려는 목적입니다. 교과목에 대한 교수법을 구체적으로 물어보거나 수업 중 특정 상황을 제시한 뒤 이에 대한 대처 반응을 묻는 문제가 출제되기도 합니다. 이러한 질문을 통해 지원자의 교사로서의 잠재력을 확인할 수 있고, 교직에 대해 얼마나 이해하고 있는지 이론적 배경까지도 확인할 수 있습니다.

질문 예시

- 초등교사에게 필요한 자질은 무엇이라고 생각하는지 이야기해보시오. (진주교대 기출)
- 숙제를 바라보는 두 관점에 대해 자신의 의견을 이야기해보시오. (춘천교대 기출)
- 초등학생의 인성교육을 위해 무엇이 중요하다고 생각하는지 말해보시오. (광주교대 기출)

▌▌ 일반 교양 ▌▌

교사는 다방면에 폭넓은 지식을 갖춰야 하므로 교양에 대한 문제를 출제하기도 합니다. 일반적인 사회 이슈는 물론, 교직 관련 주요 이슈에 대한 지원자의 생각을 묻기도 합니다. 이러한 질문을 통해 지원자의 학업역량을 평가할 수 있고, 교직에 대한 이해와 열정을 파악하는 데 활용하기도 합니다.

질문 예시

- 빅데이터 분석의 예를 제시하고 장점과 단점을 말해보시오. (청주교대 기출)
- 인공지능(AI)의 발달이 노동환경에 미칠 영향을 이야기해보시오. (전주교대 기출)
- 우리나라에서 자살률이 높은 이유를 설명하고, 자살률 감소를 위한 대책을 말해보시오. (청주교대)

집단면접은 교대 면접에서 주로 활용하는 면접 유형입니다. 다대다 면접 방식으로 진행되며, 공통 주제를 제시한 뒤 학업 역량과 전공 적합성 등을 평가하려는 목적입니다. 주제가 주어진 뒤 준비할 수 있는 시간으로 10분~30분 정도가 주어지고, 토론은 평균적으로 20~30분 정도 주어집니다.

　토론형 면접과 토의형 면접의 형태로 진행되는데 여럿이 모여 제시문을 보고 각자 의견을 발표한 뒤 토론/토의가 이루어지는 방식입니다. 토론형 면접은 찬반이 나뉘는 이슈가 제시되고, 토의형 면접은 최선의 해결 방안을 찾는 이슈가 제시됩니다. 보통 3~6인의 지원자가 한 조가 되어 진행되고, 토론이 끝난 뒤에는 면접관이 추가 질문을 던지기도 합니다. 이러한 면접의 경우 여러 지원자가 함께 평가를 받기 때문에 면접 답변의 내용은 물론, 토론 및 토의 과정에서의 태도도 매우 중요합니다. 즉, 의사소통능력과 논리적인 표현력이 함께 요구되는 것입니다.

- 혐오 현상이 왜 사회적으로 문제가 되는지를 세 가지 제시하고, 혐오 현상을 해결하기 위한 구체적 방안을 세 가지 이상 제안하시오. (경인교대 기출)
- 제시문을 읽고, 우리나라 교육환경에서 공동체 역량 함양을 위한 제도적 실천 방안을 제시하시오. (진주교대)

평가 요소

교대 면접은 서류만으로 확인할 수 없는 교사로서의 자질과 역량을 평가하는 것이 주된 목적입니다. 지원자가 교직에 대해 얼마나 큰 열정을 갖고 있는지, 또 교사가 되기 위해 충분한 학업 역량을 갖추었는지까지 평가하고자 합니다. 따라서 교대마다 유형의 차이는 있지만, 교대 면접의 핵심은 교직에 대한 확고한 목표와 꾸준한 노력이 뒷받침되어야 한다는 것입니다.

따라서 교대 면접은 단기간에 준비하기 가장 까다로운 면접 중에 하나로 꼽힙니다. 먼저, 교직관이라는 것은 단기간에 정립되는 것이 아니며 지원자의 꾸준한 관심과 노력이 뒷받침되어야 설득력을 확보할 수 있기 때문입니다. 따라서 교대 면접을 앞두고 있다면 지난 자신의 활동들을 되돌아보며 자신의 교직관을 명확하게 정립하는 것이 반드시 선행되어야 합니다.

반드시 짚고 넘어가야 할 체크 포인트! 🖊

☑ 내가 교사가 되려는 이유는 무엇인가?

☑ 나는 교사로서 필요한 자질을 지니고 있는가?

☑ 교사가 되기 위해 나는 어떤 노력을 해왔는가?

☑ 내가 생각하는 교사의 올바른 방향은 무엇인가?

☑ 다양한 교직 상황에서 나는 어떻게 대처할 것인가?

위의 다섯 가지 체크 포인트는 교대 면접 전에 충분히 시간을 두고 고민해야 하는 질문입니다. 위의 질문에 확고한 교육관을 갖고 답할 수 있는 학생이 교대 면접에서 고득점을 받는 학생임을 명심해야 합니다.

또한 토론과 토의 형태로 진행되는 집단 면접의 경우 이슈에 대한 이해는 물론, 논리적으로 자신의 입장을 드러낼 수 있는 능력까지 함께 평가됩니다. 따라서 평소에 교직 이슈는 물론 일반교양에 대한 꾸준한 관심을 갖고 토론과 토의에 적극적으로 참여하는 기회를 늘림으로써 실력을 쌓아두어야 합니다.

📚 유형 공략 TIP

☑ 나만의 교육관을 확고히 할 것!

☑ 교육 이슈와 시사 문제에 대한 쟁점과 입장을 미리 정리해 둘 것!

☑ 집단 면접은 답변 내용뿐만 아니라 토론 태도도 평가요소가 된다.
경청과 리액션은 필수! 토론을 원활한 방향으로 이끄는 리더십을 보일 것.

📝 교대 면접 유형

학 교	전 형 명	면접 유형	면접 내용
서울교대	교직인성우수자	개별면접	개별심층면접(교양1문항+교직적성1문항)
	사향인재추천	개별면접	개별심층면접(공통4문항)+개별과제발표(1문항)
경인교대	교직적성	집단면접	제출 서류 기반 문항
	잠재능력우수자	개별면접	조별토의 면접
춘천교대	교직적/인성인재	개별면접	교직 관련 적성 문항
	강원교육인재	개별면접	학생부 기반 교직 인성 문항
부산교대	초등교직적성자	집단면접(6인)	개별발표-상호토론-자유토론-면접관 질문
	지역인재	개별면접	제출 서류 기반 문항
광주교대	교직적성우수자 전남학교장추천 광주/전남인재	개별면접	제출 서류 기반 문항 교직 관련 소양 및 인성 종합 평가
공주교대	교과성적우수자	개별면접	교양, 교직관, 제출 서류 기반 총 3문항
	지역인재선발	집단면접(6인)	토론형식 면접
진주교대	21세기형교직적성자	개별면접	제출 서류 기반 문항, 교양 인성 및 교직관 관련 문항
	지역인재	집단면접(6인)	개인발표-조별토의-면접관 질문
대구교대	참스승	개별면접	제출 서류 기반 문항
	지역인재	집단면접(3인)	교직 상황을 상정한 문항과 추가 질문
청주교대	배움나눔인재	개별면접	제출 서류 기반 문항
	충북인재	개별면접	주제 관련 자료 분석 후 자신의 생각 발표하는 방식의 과제 수행 면접
전주교대	교과성적우수자 지역인재선발	개별면접	제출 서류 기반 문항, 일반교양, 교직적성 등
한국교원대	학생부종합우수자	개별면접	교직적성, 교직인성문항 발표-질의응답-개방형질문 질의응답 형식
	큰스승인재	개별면접	

② 의대면접편

유형 특징

의대 면접은 교과면접과 인성면접, 서류면접, 다중 미니면접으로 나누어 볼 수 있습니다. 특히 의대 면접을 이해하기 위해서는 다중 미니면접을 반드시 짚고 넘어가야 합니다. 그 이유는 최근 많은 의대에서 다중 미니면접의 도입을 확대하면서 의대 면접의 주축으로 떠올랐기 때문입니다. 각 유형의 특징을 살펴보겠습니다.

교과면접

일정 시간 동안 주어진 문제를 풀고, 면접실에 들어가 풀이 과정과 답을 설명하는 방식으로 진행됩니다. 답변 내용에 대해 면접관이 추가 질문을 할 수 있으며 학업 역량을 평가하는 것이 주된 목적입니다.

인성면접

의사로서 지녀야 할 인성과 가치관 평가에 중점을 둔 면접입니다. '의사로서 불법 행위를 목격했을 때 어떻게 행동할 것인가'와 같이 간단한 질문이 주어지기도 하고, 복잡한 특정 상황을 제시해 지원자가 어떻게 대처할지 평가하기도 합니다.

서류면접

지원자가 제출한 학생부와 자기소개서, 교사추천서 등 서류의 진위 여부를 확인하고자 하는 면접입니다. 실제 활동내용에 대해 구체적으로 답변할 것을 요구하며 인성과 가치관에 대한 문항도 함께 출제될 수 있습니다.

다중미니면접

하나의 면접실에서 진행하는 일반적인 면접 방식과 달리, 수험생이 3~5개의 면접실을 순차적으로 이동하면서 진행되는 면접 형식입니다. 제시문 분석이나 상황에 대한 대처 방법을 묻기도 하며 의사로서 지녀야 할 합당한 인성과 가치관을 평가하고자 합니다.

상황 제시	특정 상황을 제시한 뒤 원인 분석과 판단, 해결 방안 등을 바탕으로 지원자의 순간적인 대처 능력을 평가함.
제시문 분석	제시문을 주고 일정 시간 동안 분석한 뒤 면접을 진행하는 형태로 학업 역량과 이론적 배경지식은 물론 인성, 협동심까지 종합적으로 평가함.

실제로 단순 인성면접에서도 다중 미니면접과 유사한 방식으로 진행되는 경우가 많으며 많은 의대가 다중 미니면접을 확대하고 있어 철저한 대비가 필요합니다. 건양대, 계명대, 고신대, 대구가톨릭대, 동아대, 서울대 성균관대 아주대 울산대 인제대 한림대 등 11개교에서 다중미니면접을 실시할 예정입니다.

이처럼 의대 면접은 그 형태에는 차이가 있지만, 기본적으로 의사로서의 인성과 가치관, 학업역량을 종합적으로 평가하고자 한다는 것을 알 수 있습니다. 특히 최근 들어 의사의 인성 부분의 중요성이 더 강화되고 있기 때문에 다중 미니면접을 비롯하여 인성 및 가치관을 더 중요하게 평가하는 유형이 확대될 전망입니다.

질문 예시

선우경식 원장(1945-2008)은 1969년 가톨릭의대를 졸업하고 미국 유학을 다녀온 후 의과대학 교수로 재직하던 중 서울 신림동 철거민 의료봉사를 계기로 1987년 8월 무료 진료소인 요셉의원을 설립하였다. 그 후 21년 동안 노숙자, 외국인근로자 등 가난하고 소외된 사람들의 건강을 돌보다가 64세의 나이로 돌아가셨다. 우리 사회는 이분을 의로운 의사상(醫師像)으로 삼는다. 하지만 실제로 소수의 의사만이 이러한 길을 걷는다. 이 제시문을 보고,

? 가톨릭대 의예과 기출

Q1 왜 소수의 의사만이 이러한 선택을 하는가

Q2 이러한 삶을 가치 있게 하고 지속시키는 힘은 무엇에서 비롯하는가.

? 성균관대 의예과 기출

"3개의 고대 기술(경작, 숫자, 종이)과 3개의 현대 기술(우주여행, 유전체 편집, 스마트폰) 가운데 고대 기술에서 한 가지, 현대 기술에서 한 가지를 선택하여, 그 고대 기술이 어떤 여러 가지 단계적 과정을 통해 선택한 현대 기술에 이르게 되었는지를 구체적이고 개연성 있게 설명하시오.

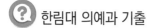 한림대 의예과 기출

시골에서 살고 있는 75세 할아버지가 도시에 살고 있는 아들의 권유로 정기 검진을 받은 후 위암을 진단받았다. 환자는 암은 손대는 것 아니라며 치료를 거부하고 있고, 아들은 적극적인 치료를 원하고 있다.

1. 학생이 주치의라면 조기 위암이 진단되어 완치 가능성이 높을 경우 환자에게 어떻게 설명하시겠습니까?

2. 학생이 주치의라면 말기 위암이 진단되어 완치 가능성이 낮을 경우 환자 및 보호자에게 어떻게 설명하시겠습니까?

며칠 전 아파트 게시판에 무인경비시스템 도입에 대해 입주민의 찬반을 묻는다는 공고문이 붙었다. 시스템을 도입하면 경비원 수를 줄여 관리비가 줄어들기 때문에 많은 입주민이 찬성하고 있다는 이야기를 어머니로부터 들었다. 어제 경비실 앞에서 우리 동 경비아저씨가 한 입주민에게 이 안이 시행되면 3개월 후에 그만두게 된다며 서운하다고 말씀을 하시는 것을 들었다.

인제대 의예과 기출

Q1 이 상황을 어떻게 생각합니까?

Q2 입주민의 반응에 대해 어떻게 생각합니까?

Q3 응시자가 '나'라면 어떻게 하시겠습니까?

의대 면접을 효과적으로 대비하려면, 주어진 논점에 대해 올바르게 파악하고, 그에 적절한 대응책을 답변하는 연습이 필요합니다. 인성 관련 질문에 적절하게 답변하기 위해서는 의사로서 지녀야 할 기본 자질이 무엇인지 이해하고, 특정 상황에 의사로서 올바른 선택을 할 수 있는지에 중점을 두고 답변을 고민해야 합니다. 또한 자신이 의사로서 필요한 자질을 지니고 있는지, 환자와 어떤 방식으로 공감을 형성할 수 있는지 충분히 고민하고 접근해야 합니다.

다중 미니면접의 경우 2분 정도의 짧은 시간 동안 제시문을 읽고, 문제 상황을 파악한 뒤 대응책을 답변해야 하므로 제시문의 논점을 정확하게 분석하는 훈련과 문제 요구에 맞는 답변을 하는 훈련이 선행되어야 합니다. 의대 면접의 영향력이 날로 확대되는 만큼 의대 면접의 특성을 이해하고 전략적으로 접근하는 것이 반드시 필요하겠습니다.

🏫 유형 공략 TIP

- ☑ 의사로서 지녀야 할 올바른 자질과 인성에 기반을 둘 것!
- ☑ 제시문의 논점을 빠른 시간 내에 정확히 이해하고 답변을 준비할 것!
- ☑ 집단 면접은 답변 내용뿐만 아니라 토론 태도도 평가요소가 된다.

Tip

③ SW특기자면접편

유형 특징

소프트웨어 특기자 전형(이하 SW 특기자) 전형은 4차산업혁명을 이끌어 갈 미래 핵심 인재를 선발하기 위한 유형입니다. 이 유형은 소프트웨어 분야에 대한 관심을 바탕으로 프로그래밍 능력이 우수한 학생을 선발하고자 하기때문에 면접 역시 실기적 우수성을 강조하는 방향으로 이루어집니다. 특기자 전형이라는 명칭 때문에 정보올림피아드 수상을 하거나 안드로이드 어플을 만들거나 자격증을 취득한 것 등이 직접적으로 평가된다고 생각하기 쉽지만 실제로 면접에서는 프로그래밍에 대한 이해와 사고력 중심으로 평가가 이루어집니다.

면접은 크게 두 가지로 분류할 수 있습니다. 직접적인 프로그래밍 능력을 평가하는 유형과 프로그래밍 사고력을 평가하는 유형으로 구분됩니다. 실기고사나 관련 문항을 통해 지원자의 직접적인 프로그래밍 실력을 평가하는 유형과 프로그래밍에 대한 이해를 종합적으로 평가하는 유형입니다.

전자에 해당하는 동국대학교는 유일하게 실기고사를 실시하는 대학입니다. 컴퓨터공학전공과 정보통신공학전공의 경우에는 실기고사를 통해 계산 사고력과 프로그래밍 능력 등 SW설계를 위한 기초능력을 종합적으로 평가합니다. 또한 멀티미디어공학과는 프로그래밍 능력을 기반으로 알고리즘 개발 능력을 평가할 수 있는 문제가 출제됩니다. 한양대와 같이 제시문을 활용해 전공적성을 평가하는 대학도 있습니다. 한양대의 경우 소프트웨어 관련 제시문을 보고 30분 이내로 답변을 준비한 뒤 이에 대해 답변하는 방식으로 면접이 진행됩니다.

반면 서강대와 같이 코딩 실력 그 자체보다는 코딩 구성의 전제가 되는 수학적 사고력을 중시하는 경우도 있습니다. 즉, 지원자가 소프트웨어와 프로그래밍에 대해 얼마나 관심을 갖고 열정적으로 준비해왔는지가 중요한 평가요소가 되는 것입니다. 또한 경희대는 면접을 통해 소프트웨어 관련 특기를 확인하고 인성과 전공 적합성을 종합적으로 평가합니다. 숭실대 역시 서류 기반 개별면접으로, 전공분야에 대한 수학능력과 관심, 알고리즘적 문제해결능력을 평가하는 방식입니다.

질문 예시

제시문

경기장에 말이 총 81마리가 있다. 이 경기장에서 말들은 한 번에 9마리씩 경주를 할 수 있는데 시계가 없어서 각 경주의 1등부터 9등까지의 등수만 알 수 있다. 이때 가장 빠른 말 4마리를 구하는 방법은 무엇인가.

(?) 한국외대 소프트웨어특기자전형 기출

Q1 왜 소수의 의사만이 이러한 선택을 하는가

Q2 이러한 삶을 가치 있게 하고 지속시키는 힘은 무엇에서 비롯하는가.

이처럼 유형에는 차이가 있지만, SW 특기자 전형의 면접은 지원자의 실기적 우수성을 확인하고 프로그래밍에 대한 이해를 검증하는 데 주된 목적이 있습니다. 서류만으로는 확인하기 어려운 지원자의 자질을 면접을 통해 심층적으로 확인할 수 있기 때문입니다. 다만, 특기자전형이라는 명칭 때문에 무조건 특별한 활동과 개발 경험, 수상 실적 등이 있어야 한다고 생각할 필요는 없습니다.

> 공모전에서 수상한 프로젝트와 자신이 맡은 역할에 대해 이야기해보세요.
>
> 자신이 활용할 수 있는 프로그래밍 언어를 이야기해보세요.
>
> 네트워크란 무엇이라고 생각하는지 말해보세요.

위의 질문들을 통해 알 수 있듯이 많은 대학에서 프로그래밍의 전제가 되는 수학적 사고력, 프로그래밍에 대한 이해, 소프트웨어에 대한 관심을 확인할 수 있는 문항을 출제하고 있습니다. 따라서 소프트웨어에 대한 관심을 드러낼 수 있는 자신의 경험 위주로 답변을 구성하고, 그 과정에서 드러날 수 있는 프로그래밍 관련 지식과 이해를 충분히 준비하는 것이 중요합니다.

📚 유형 공략 TIP

☑ 프로그래밍의 전제가 되는 수학적 사고력이 중요!
☑ 뚜렷한 전공 적합성 및 진로 목표가 드러나게 답변할 것!
☑ 소프트웨어에 대한 관심이 우수한 학생임을 드러낼 것!

소프트웨어특기자 면접 유형

대학명	전형명	면접평가
경희대	실기우수자 (K-SW인재)	• 인성(창학이념적합도, 인성), 전공적합성(전공기초소양,논리적사고력)평가 • 제출서류 확인 및 소프트웨어 관련 특기 확인 • 10분 내외 개별질문
국민대	소프트웨어특기자	• 본소양(일반적인 사회 현상이나 이슈화되는 내용에 대한 의견을 묻는 문제로 출제된 문제 열람 후 질의응답 형식의 개별구술면접) 250점, 전공지식(별도 문제없이 수험생이 지침한 포트폴리오를 통한 개별구술면접) 250점
한국외대 (글로벌)	특기자 (과학/소프트웨어)	• 사전에 '국문 공통 문제'를 읽은 후 면접고사장으로 이동. • 자기소개서, 활동보고서, 활동증빙서류를 기반으로 전공적합성, 학업 역량성을 평가 • 개별면접, 2인의 면접관, 10분 내외
한양대 (서울)	소프트웨어 인재	• 소프트웨어 관련 제시문(문항)을 활용하여 전공적성 평가 • 정보 및 정보과학 교육과정에서 다루는 다양한 정렬 알고리즘의 원리를 이해하고 주어진 문제에 맞는 적절한 방법을 선택하여 문제를 해결하는 역량을 종합적으로 평가 • 사전이해실에서 30분 이내로 제시문(문항)에 대한 답변 준비 • 수험생 1명, 평가교수 2명으로 15분 이내로 진행

PART 3

미리 훔쳐보는
면접 질문과 답변

학교생활기록부 **면접 질문 전략**

 ① 진로 선택에 대해 묻는다!

💬 **어떤** 질문이 나올까?

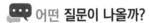

> **주요기출문제**
>
> 1. 본인의 장래 희망을 이야기해보세요.
> 2. 꿈을 갖게 된 계기를 구체적으로 설명해보세요.
> 3. 꿈을 이루기 위해 어떤 노력 과정을 거쳤는지 이야기해보세요.
> 4. 고등학교 때 진로를 위해 가장 열심히 몰두한 것은 무엇인가요?
> 5. 꿈을 이루기 위해 대학 입학 후 어떤 계획을 갖고 있나요?
> 6. 자신의 진로 목표에 대해 구체적으로 설명해보세요.
> 7. (꿈이 바뀌었다면) 꿈이 바뀐 계기를 설명해보세요.
> 8. 자신의 진로와 이 학과가 구체적으로 어떤 연관이 있나요?

💬 합격률이 높아지는 **답변 전략**

우선 질문을 받게 되면 질문의 의도를 먼저 파악해야 한다. 진로에 관한 질문은 지원자가 학과를 선택한 이유 및 대학 입학 후 학업 계획과도 밀접한 관련이 있기 때문에 매우 중요하게 준비해야 한다. 먼저, 진로에 대한 목표는 최대한 구체적이어야 한다. 면접관과 입학사정관은 추상적인 목표에 그치는 학생보다는 구체적인 목표를 갖고 있는 학생을 선호하기 때문이다.

예를 들어 자신의 꿈이 교사라면 좋은 교사가 되겠다는 목표에 그쳐서는 안 된다. 교사라는 꿈을 갖게 된 계기가 구체적인 경험을 통해 드러나야 하며, 초등교사가 되고 싶다면 왜 초등학생을 가르치고 싶다는 생각을 하게 되었는지까지 드러나야 한다. 그리고 자신이 초등교사로서 어떤 강점이 있는지, 부족한 점은 앞으로 어떻게 보완할 것인지까지 구체적 비전과 목표가 세워져 있을수록 면접에서 그 어떤 질문에도 능숙하게 답변할 수 있다.

진로 목표를 묻는 질문에 구체적인 답변을 하지 못할 경우, 목표가 명확하지 않은 학생으로 보일 수 있다는 점을 명심해야 한다. 생활기록부를 토대로 지난 3년간 자신의 진로 목표를 되돌아보며 자신의 진로에 대해 정리하는 시간을 가져야 한다. 단순히 장래 희망이 무엇인지에 그치는 것이 아니라, 1) 진로를 선택한 이유 2) 중간에 꿈이 바뀌었다면, 진로 목표가 바뀐 이유 3) 진로 목표를 이루기 위해 어떤 노력들을 해왔는지 4) 진로 목표에 대해 자신이 얼마나 정확하게 이해하고 있는지 5) 진로 목표를 이루기 위해 대학 입학 후, 그리고 졸업 후 어떤 계획을 갖고 있는지까지 답변할 수 있어야 면접에서 좋은 평가를 받을 수 있다.

💬 면접 미리보기, **나의 답변은?**

❓ 꿈을 갖게 된 계기와 어떤 노력을 했는지 이야기해보세요.

Best
답변예시

저는 아이들을 사랑으로 보살피는 초등교사가 되는 것이 꿈입니다. 제가 이 꿈을 갖게 된 계기는 초등학교 5학년 때 저를 가르쳐준 담임 선생님으로부터 커다란 영향을 받았기 때문입니다. 당시 저는 선생님이 반 아이들 한 명 한 명을 존중하고 개성을 인정해주는 모습을 보며 교사라는 꿈에 대해 생각해보았습니다. 시간이 흘러 고등학생이 되어 그때의 선생님을 찾아가 이야기를 나누며 선생님이 아이들을 얼마나 깊은 사랑과 보살핌으로 가르쳤는지 알 수 있었고, 초등교사라는 꿈이 더욱 명확해졌습니다. 선한 영향력을 끼치는 초등교사가 되기 위해 저는 교육동아리에서 다양한 교육법에 대해 연구했고, 실제로 3년간 교육 봉사활동을 하며 교사로서의 자질을 기르려고 노력했습니다. 앞으로 oo교육대학교에서 꿈을 이루기 위해 나아가고 싶습니다.

Worst
답변을
피하는 방법

교사가 되고 싶다는 꿈은 있지만, 왜 교사가 되고 싶다는 생각을 했는지 또는 어떤 교사가 되고 싶은지 뚜렷한 목표 의식이 드러나지 않을 경우에는 좋은 평가를 받기 어렵습니다. 만약 진로 목표가 뒤늦게 바뀌었거나 목표를 가진 지 얼마 안 되었더라도 그 꿈에 대해 충분히 고민한 흔적은 드러나야 합니다.

특히 학생부종합전형은 학생이 자신의 진로 목표를 일찌감치 구체화하고, 이를 위해 노력해 온 결과를 통해 학생의 주도성, 발전 가능성 등을 평가하고자 하는 전형입니다. 따라서 학생부종합전형의 마지막 단계로 면접을 치르는 학생이라면 지난 3년간 그 누구보다 진로에 대해 깊이 고민하고 정진해왔음을 드러내야 면접에서 비로소 좋은 평가를 받게 됩니다.

2 출결, 수상, 자격증에 대해 묻는다!

어떤 질문이 나올까?

주요기출문제

1. 무단 지각을 한 적이 있는데 그 이유를 말해보세요.
2. ㅇㅇ대회에서 수상한 경험이 있는데, 어떤 대회였는지 이야기해보고 대회 준비 과정에서 느낀 점을 말해보세요.
3. 동아리발표대회에서 수상한 경험이 있는데, 자신이 맡은 역할은 무엇이었는지 이야기해보세요.
4. ㅇㅇ대회를 준비하면서 가장 어려웠던 점은 무엇이었는지, 어떻게 극복했는지 이야기해보세요.
5. 수상경력 중 가장 힘들었던 활동 한 가지 설명해보세요.
6. 교내 경시대회 수상 이력이 좋은데, 비결이 무엇인가요?
7. 자격증을 취득한 이유나 특별한 계기가 무엇인가요?

합격률이 높아지는 답변 전략

출결 사항에 대한 질문이 나오는 경우, 먼저 질문을 한 의도가 무엇인지 파악해야 한다. 생활기록부에 기재된 출결 사항 항목은 성실성을 확인하기 위한 객관적 지표이다. 따라서 수험생의 출결 사항 항목에 무단 지각이나 무단결석과 같은 내용이 있다면 면접에서 이에 대한 질문을 할 확률이 높다. 중요한 것은 결석, 지각, 조퇴 등의 기록 자체만으로 감점 요인이 되는 것은 아니라는 점이다. 대학에서는 사유가 분명하면 감점 요인으로 보지 않는 경우가 많기 때문에 생활기록부에 사유를 반드시 기재함으로써 해명을 하는 것이 좋다. 만약 생활기록부에 사유를 기재하기 어렵다면 자기소개서에 관련 에피소드를 기재함으로써 결석 사유를 밝히고, 자신의 성실성을 입증할 수 있는 활동을 기재할 수 있다.

또한 면접에서 성실성에 대한 질문이 나온다면 면접관을 충분히 납득시킬 수 있는 답변을 준비해야 한다. 자신이 결석 또는 지각을 할 수밖에 없었던 이유를 설명하고, 자신의 성실성을 나타낼 수 있는 관련 에피소드를 곁들여 답변함으로써 불성실한 학생으로 낙인찍히는 것을 피할 수 있다.

면접에서 수상경력을 묻는 것은 단순히 수상실적이 많고 적음을 보기 위한 것이 아니라 과정에서 느낀 점을 확인하기 위함이다. 수상경력은 수험생들이 지원학과에 대한 관심을 나타내는 좋은 방법이다. 여러 개의 수상 실적 가운데 전공과의 적합성을 가진 대회에 출전하여 성과를 이룬 경험이 있다면 그에 대한 답변을 더욱더 철저하게 준비할 필요가 있다. 따라서 대회 출전 계기, 대회 준비 과정, 준비하며 어려웠던 점, 자신이 맡은 역할, 대회 성과, 자신에게 어떤 깨달음을 주었는지에 대해 차분하게 답변하는 것이 중요하다. 중요한 것은 화려한 수상실적이 아니라 수험생의 지원 학과에 대한 관심과 준비과정에서 얼마나 많은 성장을 거두었는지에 있음을 명심해야 한다.

자격증에 대한 질문은 면접에서 자주 출제되는 문항은 아니지만, 자기소개서에 중요한 소재로 기재되었거나 지원자의 특수한 관심을 드러낼 수 있는 경우에는 면접에서 심층적인 질문이 나올 수 있다. 자격증은 수험생이 직접 관심을 갖고 자율적으로 준비해서 성과를 낸 결과물이기 때문에 전공에 대한 특별한 관심을 드러내는 좋은 소재가 된다. 따라서 자격증과 관련된 질문이 나올 경우 자격증 취득을 결심한 계기, 노력 과정, 성과를 통해 깨달은 점에 대해 충실히 답변해야 한다. 또한 자격증 취득에 필요한 이론적 배경이나 전문 지식에 대한 문제를 출제할 수도 있다. 따라서 자격증 취득과 관련된 지식은 미리 정리해두고, 전공에 대한 학문적 이해와 충분한 역량을 갖추고 있음을 드러내는 방향으로 답변이 이루어져야 한다.

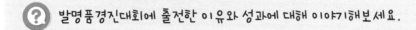 면접 미리보기, **나의 답변은?**

> ❓ 발명품경진대회에 출전한 이유와 성과에 대해 이야기해보세요.

💬 만점짜리 **답변 훔쳐보기**

Best
답변예시

2학년 때 창의적인 아이디어로 결과물을 만들고 싶다는 생각이 들어 발명품경진대회에 출전했습니다. 이전까지 프로그래밍에 대한 관심을 갖고 컴퓨터 관련 동아리를 만들어 활동하면서 창의적 사고력과 문제 해결 능력에 대한 관심이 커졌기 때문입니다. 발명 또한 창의적인 접근을 통해 구체적 결과물을 만들어낸다는 점에서 매력을 느껴 대회 출전을 결심했습니다. 저는 대회에서 자동주행이 가능한 유모차를 발명하였고 금상이라는 우수한 성과를 거두었습니다. 팀 단위로 발명품을 구상하고 직접 구현하면서 몇 번의 시행착오를 거쳤지만 끝내 발명품을 만들어 수상이라는 성과까지 얻게 되자 개발에 대한 자신감이 더욱 커졌습니다. 그래서 대회 이후에는 3D 프린터 관련 발명 아이디어를 구체화하기 위해 동아리원들과 발명 프로젝트를 진행하기도 했습니다. 제가 창의적인 도전을 더욱 적극적으로 임할 수 있게 해준 소중한 경험이었습니다.

Worst
답변을
피하는 방법

대회 소개는 화려하게 드러나지만 정작 '나'의 이야기는 드러나지 않는 답변은 좋은 답변으로 보기 어렵습니다. 내가 대회 출전을 왜 결심하게 되었는지, 준비과정에서 어떤 노력을 기울였는지, 성과를 통해 나에게 어떤 변화가 있었는지 등 '나'의 성과에 대해서도 구체적인 답변이 이루어져야 합니다.

③ 동아리, 봉사활동 등 창의체험활동에 대해 묻는다!

💬 어떤 질문이 나올까?

주요기출문제

1. 과학실험 동아리에서 가장 기억에 남는 활동을 이야기해보세요.
2. 자율동아리를 만든 이유와 자신이 맡은 역할에 대해 말해보세요.
3. 동아리 활동을 하면서 갈등에 부딪힌 경험은 없는지,
   있다면 어떻게 극복했는지 이야기해보세요.
4. 꿈을 이루기 위해 했던 활동 중 가장 의미 있는 교내 활동을 소개해 보세요.
5. 요양원 봉사활동을 오래 했는데, 봉사를 하며 깨달은 점을 말해보세요.
6. 봉사를 하는 데 있어 가장 중요하다고 생각하는 것은 무엇인가요?
7. 봉사활동을 많이 했는데 그 과정에서 학업에 소홀한 적은 없었나요?

💬 합격률이 높아지는 **답변 전략**

　동아리 활동이나 봉사활동 등 창의적 체험활동은 비교과 활동 가운데 수험생들이 많은 비중을 두고 참여하는 항목이기 때문에 생기부와 자기소개서에 풍부한 내용이 담겨 있다. 따라서 서류를 기반으로 하는 인성 확인 면접의 경우 창의적 체험활동에 대한 심층적 질문이 나올 확률이 높다. 단순히 어떤 동아리, 봉사활동, 자율활동 등을 했는지에 그치지 않고 활동에 대한 구체적 사실과 수험생의 역할, 활동의 성과에 대해 물어보는 질문도 나올 수 있다.

　따라서 면접을 앞두고 체크리스트를 만들어 자신의 활동과 경험들을 구체적으로 정리해두는 것이 면접 답변에 큰 도움이 될 수 있다. 1학년 때부터 3학년 때까지 자신이 했던 활동들을 돌이켜보며 '활동 선택 계기 – 활동 과정과 경험 – 활동을

통해 얻게 된 성과와 변화'에 대해 각각의 항목을 정리해둘 수 있다. 특히 동아리 활동을 비롯해 자율활동의 많은 항목들이 수험생의 관심에 따라 자율적으로 선택한 결과이기 때문에 관련 문항이 나온다는 것은 수험생의 전공 관련 관심도와 이해도를 드러내는 데 좋은 기회가 될 수 있다.

활동의 양보다는 질에 중점을 두고 답변을 준비하는 것이 유리하다. 봉사활동 역시 반드시 많은 시간을 채워야 하는 것은 아니며 수험생의 꾸준한 참여와 노력이 드러나는 활동일수록 유리하다. 동아리 활동 역시 자율적인 선택이나 활동에 있어서 주도적인 역할을 했던 경험 위주로 강조할 수 있다. 따라서 창의적 체험활동과 관련된 질문이 나올 경우 자신이 얼마나 의미 있게 관련 활동들을 해왔는지에 초점을 맞춰 답변하는 연습이 이루어져야 한다.

💬 면접 미리보기, 나의 답변은?

> ❓ 자율 수학동아리는 어떻게 창설하였나요?
> 동아리에서 가장 의미 있는 경험은 무엇이었는지 말해보세요.

 **만점짜리 답변 훔쳐보기**

Best
답변예시

평소 수학을 가장 좋아했던 저는 2학년 때 등교 시간이 늦춰지면서 생긴 시간을 효율적으로 이용할 방법을 찾던 중 친구들과 수학 공부를 하면 좋겠다는 생각이 들었습니다. 그래서 수학에 대한 흥미와 관심을 가진 친구들을 모아 자율 수학동아리를 만들었습니다. 매주 수학 이론을 정해 관련 문제를 풀어보고 자유롭게 토론하면서 다양한 문제 풀이 방법을 익힐 수 있었습니다. 동아리 활동을 하며 가장 의미 있었던 것은 지역 아동들을 대상으로 교육 봉사를 실천한 것입니다. 저는 동아리원들과 공부하는 것에서 나아가 수학을 바탕으로 지식의 나눔을 실천하고 싶어서 2학년 겨울방학 때 교육 봉사활동을 했습니다. 수학을 쉽게 가르치는 방법을 고민하고, 아이들에게 수학 관련 놀이를 제안하는 등의 경험을 통해 아이들이 수학에 대한 애정이 더욱 커졌고, 동아리원들도 수학 실력이 크게 향상되는 결과로 이어졌습니다.

Worst
답변을
피하는 방법

활동의 구체성이 드러나지 않는 추상적 답변은 지양해야 합니다. 창의적 체험활동은 수험생의 주도적 참여와 적극적인 노력이 드러나야 합니다. 그런데 이름은 거창하지만 실제로 활동이 제대로 이루어지지 않았거나 자신의 역할이 미미했을 경우 면접에서 좋은 평가를 받기 어렵습니다. 따라서 활동의 구체적인 경험과 성과가 드러나게 답변을 구성해야 합니다.

4 성적 및 세특(세부능력특기사항)에 대해 묻는다!

💬 어떤 질문이 나올까?

> **주요기출문제**
>
> 1. 가장 자신 있는 과목과 열심히 해도 성적이 잘 안 올라서 힘들었던 과목은 무엇인가요?
> 2. 공 학계열 진학을 희망하는데 수학 성적이 매우 낮은 편이네요. 이유를 말해보세요.
> 3. 3학년 때 성적이 떨어진 이유가 무엇이라고 생각하나요?
> 4. 영어 성적이 크게 올랐는데, 성적을 올린 비결은 무엇인가요?
> 5. 전과목 1등급인데 자신만의 특별한 공부법이 있다면 소개해보세요.
> 6. 3학년 때 선택과목으로 화학 II 를 선택했는데, 공대에 오려면 물 리가 더 중요한데
>   물리 II 를 고르지 않고 화학 II 를 고른 이유는 무엇인가요?
> 7. 세부능력특기사항에 핵융합반응을 굉장히 흥미로워했다고 적혀 있는데,
>   핵융합반응에 대해 아는 대로 이야기해보세요.

💬 합격률이 높아지는 답변 전략

성적이나 세부능력 및 특기사항에 대해 묻는 것은 수험생의 학업 역량과 학습 경험에 대해 확인하기 위함이다. 즉, 대학에 입학해서 전공과목을 공부하기 위해 필요한 학업성취도를 갖고 있는지가 중요한 평가내용이 된다. 따라서 자신이 지원하는 모집단위와 관련된 과목이나 세부능력 및 특기사항에 대해서는 심층적 질문이 이어질 수 있으니 충분한 대비가 필요하다.

성적이 떨어진 이유를 묻는 경우 납득할 수 있는 답변을 해야 한다. 단순히 성적 하락 자체만으로 감점 요인이 되는 것은 아니지만 면접관을 설득할만한 근거가 뒷받침되는 것이 좋다. 또한 성적 하락에서 그치지 않고 자신이 노력한 과정이나 결과에 대해 덧붙임으로써 학업에 대한 주도적 노력과 긍정적 이미지를 심어줄 수 있다. 예

를 들어 2학년 때 과학 선택과목의 수가 많아지면서 성적이 떨어졌지만, 효율적인 학습 방법을 찾으려는 구체적인 노력을 했고, 그 결과 다음 학기에는 과학 성적이 크게 올랐다거나 과학 관련 대회에 출전해 수상을 했다는 등의 성과가 뒷받침된다면 수험생의 학습 경험과 노력이 효과적으로 드러날 수 있다.

또한 세부능력및특기사항에 수험생이 관심을 갖고 노력했던 과목과 주요 이론, 연구과제명 등이 기재된 경우가 있다. 이러한 내용은 면접관이 심화적인 질문을 던지더라도 정확히 답변할 수 있을 만큼 충분히 숙지를 해두어야 한다. 이는 서류의 진위 확인 여부와도 연결되며 신뢰성, 진정성에 있어서도 좋은 평가를 받기 위한 방법이 된다.

중요한 것은 수험생이 대학에 입학한 뒤 4년간 전공 관련 공부를 성공적으로 해낼 수 있는 학업 역량과 전공 적합성, 발 전가능성을 충분히 지니고 있는 인재라는 것을 드러내는 것이다. 지원전공에 대한 관심을 바탕으로 관련 교과목에 대해 충분한 학습 경험을 통해 노력해왔으며 그 결과 자신에게 어떤 발전이 있었는지가 드러나게 답변하는 훈련이 필요하다.

💬 면접 미리보기, **나의 답변은?**

❓ 가장 좋아하는 과목과 어려워하는 과목은?

💬 만점짜리 답변 훔쳐보기

Best
답변예시

가장 좋아하는 과목은 과학입니다. 사실 처음 입학할 때 과학 성적이 좋은 편은 아니었습니다. 하지만 과학에 흥미를 가지려고 노력했습니다. 1학년 때 과학토론 동아리에 들어가 과학 이슈에 대해 토론하며 과학에 대한 관심이 커졌고, 과학 성적이 조금씩 오르면서 자신감이 커져 2학년 때는 과학논술대회에 출전하기도 했습니다. 그러한 노력 덕분에 대회에서 최우수상이라는 성과를 거두기도 했고, 점점 성적이 올라 1등급을 유지하면서 제가 가장 자신 있는 과목이 되었습니다.

제가 어려움을 겪었던 과목은 영어입니다. 하지만 영어 과목을 열심히 한 것만큼은 분명하게 말씀드릴 수 있습니다. 저는 1학년 때 수업을 받았던 선생님께 부탁을 드려 화요일과 목요일에 30분씩 지도받는 시간을 가지기도 했습니다. 비록 눈에 띄는 큰 변화는 아니지만, 수준별 수업에서 하반에서 상반으로 올라가기도 하고, 모의고사에서도 성적이 많이 향상되어서 제게는 참 큰 의미가 있었던 일이었습니다.

Worst
답변을
피하는 방법

성적이 좋지 않은 과목에 대해서 말할 때, 성적이 떨어질 수밖에 없었던 이유를 말하는 데서 그치거나 그저 대학 입학 후 열심히 하겠다는 식의 답변만을 하는 것은 좋은 평가를 받기 어렵다. 성적 관련 질문을 하는 것은 수험생의 학업 역량에 대해 묻고자 하는 것이다. 따라서 성적을 올리기 위해 노력했던 경험이나 성적 외에도 관심을 갖고 참여했던 교과목 관련 활동 내용 등을 근거로 대학 입학 후 충분히 학업을 이수할 수 있는 능력이 있다는 믿음을 주어야 한다.

5 독서 활동에 대해 묻는다!

💬 어떤 **질문이 나올까?**

> **주요기출문제**
>
> 1. 생활기록부 독서 활동 중 다양한 분야에서 많은 책을 읽었는데 가장 기억에 남는 책과 그 내용을 말해보세요.
> 2. 읽었던 책 가운데 부모님께 추천하고 싶은 책은 무엇이고, 추천하고자 하는 이유는 무엇인지 이야기해보세요.
> 3. 수학은 비타민이라는 제목의 책을 읽었는데 이 책의 핵심을 두 단어로 말해보세요.
> 4. 군주론이라는 책을 읽었는데, 책을 읽고 느낀 점은 무엇인지 말해보세요.
> 5. 3학년 때 독서 활동을 굉장히 많이 했는데, 독서 활동을 통해 얻은 것이 있다면 말해보세요.
> 6. 감명 깊게 읽은 책을 고르고 책의 내용과 가장 인상 깊은 글귀에 대해 자세히 말해보세요.
> 7. 자신의 독서 선택 기준은 무엇인가요?

💬 합격률이 높아지는 **답변 전략**

　면접에서 독서 활동에 대해 묻는 경우 서류의 진위 확인 여부와도 연관된다. 그러므로 생활기록부 독서 활동 목록에 무조건 많은 양의 책을 올리는 것만이 능사는 아니다. 따라서 자신이 반드시 끝까지 읽은 책들만을 서류에 기재하도록 해야 하며 면접을 앞두고 생활기록부와 자기소개서에 기록되어 있는 독서목록 관리표를 작성하는 것이 좋다. 독서목록을 정리할 때는 머리말과 서평 등을 활용해 1. 도서명과 저자명 2. 핵심키워드 3. 서평 4. 느낀 점 5. 비판할 점 위주로 정리할 수 있다.

　책 내용에 관해 답변할 때는 먼저 지원전공이나 장래 희망과 관련하여 책을 선택한 동기를 밝혀주는 것이 된다. 보통 1~2학년 때는 기초 전공에 관련된 책 위주로 폭넓은 독서가 이루어진다면 3학년 때는 학과에 대한 구체적 정보를 바탕으로 심층적인 독서가 이루어진다. 따라서 지원전공에 대한 관심을 바탕으로 관련 책을 직접 선정하여 읽었고, 그 책을 통해 자신에게 의미 있는 변화가 있었음을 드러낼 수 있다. 특히 지원전공과의 관련성이 높은 책이라면 면접에서 질문이 나올 확률이 더 높기 때문에 책의 내용과 자신에게 어떤 점에서 의미 있었는지, 어떤 변화를 가져왔는지까지 답변을 준비해두는 것이 유리하다. 좋은 기회가 될 수 있다.

💬 면접 미리보기, **나의 답변은?**

> ❓ 가장 인상 깊었던 책이 무엇인지 소개하고 그 이유를 말해보세요.

Best
답변예시

가장 기억에 남는 책은 난장이가 쏘아올린 작은 공이라는 책입니다. 산업화 시대를 배경으로 하는 이야기인데 산업화 사회를 교과서로 배울 때와는 달리 문학을 통해 접근하면서 산업화 사회가 멀리 떨어진 이야기가 아닌 제 주변 이야기를 보는 듯한 느낌을 받았습니다. 책 내용 중 가장 인상 깊은 부분은 앉은뱅이와 꼽추라는 등장인물이 나오는 부분입니다. 앉은뱅이와 꼽추는 산업화로 인해 살 터전을 잃은 피해자이지만 가난으로 인해 사람을 살해하는 가해자입니다. 이어지지 않는 뫼비우스의 띠처럼 가해자이면서 피해자인 두 인물이 인상 깊어서 이 책이 가장 기억에 남습니다. 저는 이 책을 읽고 문학이 시대를 드러내는 방법에 대해 깊이 생각해보게 되었고 이후 시대를 반영한 작품들에 더 관심을 갖고 독서 활동을 활발히 했습니다. 그리고 이러한 경험을 토대로 국어국문학과에 진학하여 사람들에게 문학의 가치를 알리고 싶다는 꿈을 구체화하게 되었습니다.

Worst
답변을
피하는 방법

책 내용을 지나치게 장황하게 설명한 나머지 정작 그 책이 자신에게 어떤 점에서 의미 있었는지는 드러나지 않는 답변은 피해야 한다. 중요한 것은 이 책이 왜 수험생에게 가장 인상 깊은 책이었는지 그 이유가 드러나야 한다는 점이다.

간혹 특정 책을 지칭하여 그 책에서 인상 깊은 구절이 무엇인지 물어보는 경우가 있다. 이 답변을 받은 뒤 책 내용이 기억나지 않을 때, 그저 '잘 모르겠습니다'라는 답변으로 그치는 경우가 있다. 이는 솔직한 답변으로 볼 수도 있으나 자신의 독서 활동이 충분히 이루어졌음을 뒷받침하지 못한다는 점에서 아쉬움을 남기는 답변이다. 따라서 책 내용이 자세히 기억나지는 않더라도 책의 줄거리나 주제 등을 기억하여 책이 어떤 점에서 의미 있었는지라도 답변하려는 노력이 필요하다.

자기소개서 기반 면접 질문 전략

성공적인 학생부종합전형 면접을 통과하기 위해서는 자기소개서에서 작성된 내용에 대해 질문이 들어왔을 때, 진실성 있게 답변할 수 있어야 합니다. 대입 면접 컨설팅을 하면서 느낀 점 중에 하나는 5명 중에 1명 정도는 자기소개서 표현 작성을 잘못하거나, 기존에 다른 학과에 맞춰 쓴 내용을 복사해서 붙여넣기 한 자기소개서로 인해 면접 때 문제가 없을지 걱정하는 수험생을 많이 만나 보았습니다. 그래서 자기소개서 질문 전략에 대해 보다 상세히 이야기하고자 합니다.

제일 먼저 이야기하고 싶은 점은 면접이 문제가 되는 것이 아니라 오히려 기존에 자기소개서 작성한 부분 때문에 오히려 면접에서 대응해야 할 이슈들이 많이 발생된다는 점이다. 자기소개서 제출 시기에 급하게 준비하여 제출하다 보니 자신의 자기소개서를 충분히 검토하지 못한 채 제출되었기 때문이다. 따라서 혹시라도 이번 장을 자기소개서 제출 전에 보는 수험생이 있다면 반듯이 자기소개서부터 잘 작성될 수 있도록 노력했으면 좋겠습니다. 《〈훔쳐서 라도 보고 싶은 대입 자기소개서〉》책을 참고하면 자기소개서 작성뿐만 아니라 면접을 위해서 자기소개서를 어떻게 작성해야 할지 다양한 내용을 참고할 수 있습니다.

자기소개서 작성 컨설팅을 할 때 학생들에게 항상 이야기하는 부분은 바로 "작성된 내용에 대해 면접 때 물어보면 답변할 수 있니?"라는 말을 가장 많이 합니다. 그 이유는 자기소개서는 면접 전형에서 짧은 시간에 지원자의 많은 정보를 파악하고 물어보는 질문의 용도로 활용되기 때문입니다. 따라서 면접에서 여러분들이 자기소개서 작성된 모든 글은 질문의 대상이 될 수 있습니다. 화려하게 부풀려진 노력이나, 활동하지 않는 경험을 거짓말로 작성한다면 면접에 답변하지 못해 면접에서 좋지 않은 점수를 받을 수 있는 상황이 발생할 수 있기 때문입니다.

이러한 상황이 발생되지 않도록 철저하게 자기소개서 작성 순간부터 진정성 있는 자신의 이야기를 보여주고, 면접 때 질문을 받게 되면 좀 더 구체적인 이야기로서 입학사정관님을 설득하게 된다면 희망하는 학교에서 합격의 가능성이 높아질 것입니다. 지원하는 대학과 학과에 맞춰 자신의 노력과 열정을 보여줄 수 있도록 구성해야 하며, 자기소개서 기반으로 면접관님에게 좀 더 유리한 질문을 이끌어 낼 수 있도록 구성해야 합니다.

마지막으로 자기소개서를 잘 작성해야 하는 현실적인 이유 하나 더 설명하자면, 면접 전형까지 가기 위해서 서류 통과를 해야 할 필요가 있습니다. 이후 면접 전형이 진행되는데 면접을 확실히 준비하기 위해서는 자기소개서를 잘 작성할 필요가 있습니다. 여러분들이 지원하는 학과는 대부분의 비슷한 조건과 성적을 가진 지원자들이 있기 때문에 자기소개서로 자신의 학과의 적합성을 충분히 보여줄 수 있어야 면접 전형에 갈 수 있기 때문입니다.

정리

- 자기소개서 작성부터 면접의 시작이다.
- 자기소개서 작성에서 면접의 질문 대응에 대해 고민하자.
- 자기소개서 기반으로 유리한 질문이 나올 수 있도록 작성해 보자.

자신의 강점 기반으로 작성된 자기소개서의 각 문항마다 입학사정관님의 예상 질문의 형태는 다음과 같습니다.

예상 질문

 사실 확인형 질문

학교생활기록부 기반으로 작성된 자기소개서 내용을 토대로 실제 있었던 경험인지, 활동했던 경험인지 진위 여부를 확인하고자 하는 질문입니다. 여기에는 활동뿐만 아니라 학습한 교과목의 개념이나 활동내용도 포함되어 있습니다.

 학과의 관심과 발전 가능성 질문

지원 학과에 대한 노력과 관심을 가지고 있는지 물어보는 질문입니다. 주로 1번과 2번 문항을 토대로 질문의 내용들이 만들어지게 됩니다. 또한, 4번 문항이 없는 경우 학과에 대한 지원동기나 진로의 발전 가능성을 더욱더 물어볼 가능성이 높습니다.

 지원자의 인성

3번 문항을 기반으로 수험생의 인성에 대해 확인해 보려고 합니다. 평소 친구들과 대인관계에서 문제가 없는지 알고자 합니다. 올바른 인성을 가진 지원자 학교에 적응과 활동을 잘할 수 있고, 학교에서 훌륭한 인성을 가진 학생들을 사회에 진출시키기 위함입니다.

최근 많은 대학에서 제출 서류에 기반을 둔 일반 면접 형식(서류 진위 여부 확인 및 인성평가) 비중을 차지하는 학교가 70% 이상 넘기 때문에 자기소개서 기반 질문에 대해 철저한 준비하길 바랍니다.

1번 문항

지원자의 학업능력과 발전 가능성을 보는 질문

💬 **어떤 질문이 나올까?**

주요기출문제

1. 이전에는 왜 학업성적이 떨어졌다고 생각하였나요?
2. 자신의 학업 방법에 대해 구체적으로 설명해 보세요.
3. 자신의 자기 주도적인 방법으로 학업 한 이후 또 다른 과목에 적용한 경험은 없나요?
4. 자신의 학업 방법으로 앞으로 학과에 관련된 활동에 어떻게 활용할 것인가요?
5. 이러한 학습 방법이 자신의 학교생활에 어떤 영향을 줄 수 있었나요?

💬 **합격률이 높아지는 답변 전략**

1번 문항에서 보고자 하는 핵심 빈출 질문이다. 1번 문항을 통해서 수험생의 자기 주도적인 학습 동기와 과정을 확인하고자 한다. 질문의 내용처럼 과거에 지원자의 학습문제점은 무엇인지부터 자기 주도적인 학습의 과정과 후속 결과에 대해 주로 물어보고 있다.

수험생이 실제로 관련된 학습 방법을 활용하여 학업에 대한 향상된 여부와 학습 과정에서 알게 된 이론과 개념을 주로 확인한다. 이를 기반으로 앞으로의 성공적인 학과의 적응과 학과에서 요구되는 내용에 대한 학습 가능성을 확인하고자 한다.

면접 미리보기, **나의 답변은?**

> **(?)** 이전에는 왜 학업성적이 떨어졌다고 생각하였나요?

 만점짜리 **답변 훔쳐보기**

Best
답변예시

이전에는 진로에 대한 꿈을 확실하게 갖지 않았기 때문에 학업에 흥미를 가지지 못했습니다. 단순히 공부를 열심히 해야 한다는 주변의 조언에 대해 그 당시에는 무엇을 위해 공부해야 할지 잘 설정이 되지 않다 보니 끈기 있게 공부를 하지 못했던 것 같습니다. 그 중에도 저만의 특별한 학습법 없이 평범한 방법으로 공부를 하다 보니 성적을 향상하기에도 부족한 점이 많았습니다. 하지만 진로의 방향을 잡고 나서부터는 확실한 방향성이 생기고, 학업 성적을 향상하기 위해 다양한 공부 방법을 활용하다 보니 좋은 성과를 얻을 수 있었습니다.

Worst
답변을
피하는 방법

학업의 성적이 떨어진 이유에 대해 솔직한 인정과 반성의 모습을 보여주는 것이 좋습니다. "단순히 공부가 흥미가 없어서, 무엇을 해야 할지 몰라서 공부 하지 않았다."는 단편적인 내용은 다소 설득력이 떨어집니다. 왜 학업에 흥미가 없었는지 구체적인 근거를 만들어 설득력 있는 답변내용을 구상하여야 합니다. 성적이 떨어진 이유만 이야기하기보단, 답변의 뒤에서는 열심히 하게 된 계기도 간단하게 언급한다면 후속적인 질문을 이끌 수 있는 이점이 있습니다.

2번 문항

교내외 활동으로 전공의 열정을 보는 질문

💬 **어떤 질문이 나올까?**

💬 **합격률이 높아지는 답변 전략**

2번 문항에서 주로 보고자 하는 점은 교과목 외 다양한 활동 속에서 학과와 진로에 관련된 활동을 보고자 하는 점이다. 활동의 참가 이유와 역할 그 속에서 학과나 진로에 관련하여 무엇을 배웠는지 주로 확인하게 된다. 활동 이후에도 지속적으로 학과나 진로에 대한 후속적인 노력을 하였는지 살펴보는 질문들이 많다. 2번 항목에서는 주로 동아리, 독서, 대회 참여, 진로 체험 등의 다양한 활동 내용 중심으로 작성되게 된다. 그러다 보니 다양한 활동에 참여의 이유나 목적을 확인하는 질문이 있고, 활동 속에서 역할, 어려운 점에 대해 물어보는 질문이 많다. 그 활동에서 배웠던 개념이나 이론에 대해 추가적인 질문이 들어 올 수 있으니 교과목의 개념이나 이론이 있는 활동이라면 내용의 정리를 미리미리 준비하시기 바란다.

면접 미리보기, **나의 답변은?**

? 동아리 활동은 왜 참여하게 되었나요?

💬 만점짜리 **답변 훔쳐보기**

Best
답변예시

제가 동아리를 참여하게 된 계기는 그림 그리는 연습을 꾸준하게 할 수 있다고 생각하여 그림동아리에 참가하게 되었습니다.

미술에 대한 흥미가 있었지만, 학교에서 교과목으로 배우는 미술은 성적과 연관된 일이 많다 보니, 창의적인 부분과 응용을 하는 것에 대해 다소 부담스러웠습니다. 그런 도중 그림 동아리가 만들어지게 되어 참여하게 되었고 동아리 활동에 과제나 미션에 대해서만큼은 저의 자유로운 창의성을 펼칠 수 있는 기회를 접하게 되어 미술 분야에 흥미를 더욱더 가지게 되었습니다.

Worst
답변을
피하는 방법

모든 활동은 자기 주도적인 목적의식이 필요합니다. 간혹 친구가 추천하여, 선생님이 제안을 하여 동아리에 들어가게 되었다고 말하는 경우가 있습니다. 면접에서 수험생들이 학과와 연관된 분야에 대해 자기 주도적인 참여 정신에 대해서도 중요시 생각하고 있습니다. 그렇기 때문에 수동적인 참여 동기보단, 스스로 선택한 동기에 대해 더욱더 부각해서 답변하시기 바랍니다.

태도와 인성을 확인하는 질문

💬 어떤 질문이 나올까?

> **주요기출문제**
>
> 1. 왜 000한 마음/태도를 내려고 하였나요?
> 2. 00한 마음/태도로 ~~한 활동에 참여할 때 어려운 점은 없었나요?
> 3. 00한 마음/태도로 이룬 결과를 통해 느낀 점은 무엇인가요?
> 4. 이후 000한 마음/태도를 바탕으로 또 다른 경험에서 발휘한 경험은 없나요?

💬 합격률이 높아지는 답변 전략

3번째 문항에서는 주로 인성과 태도 위주로 질문이 형성된다. 수험생의 성향과 가치관을 확인하면서 학교생활에서 올바른 성향을 가지고 친구들과 문제없이 어울려 지냈는지 확인하고자 한다. 다른 항목과 차이점이라고 하면 인성적인 영역이다 보니 답변을 하는 모습과 이미지가 이미 수험생의 성향을 나타내고 있다는 점에서 진정성 있는 모습과 말투로 답변하는 것이 중요하다.

인성에 대한 질문 기반으로 상대적인 변화와 지원자의 생각, 의미에 대한 위주로 질문이 구성된다. 3번 항목에는 학생의 인성과 관련된 주제이기 때문에 진정성과 깊이 있는 의미에 대해 구체적으로 답변 준비를 해야 할 필요가 있다. 또한, 학교생활기록부 마지막에 행동특성 종합의견란에 작성된 내용 기반 일치 여부도 확인한다. 답변의 내용, 자기소개서 3번 내용, 행동 특성 종합의견 이 3가지의 내용의 관련성을 가질 수 있도록 답변을 구상해 보아야 한다.

면접 미리보기, **나의 답변은?**

? 왜 갈등을 해결하고자 노력하였나요?

 만점짜리 **답변 훔쳐보기**

Best
답변예시

네 평소에도 친구들과 의견갈등이 생기는 것을 좋아하지 않았습니다. 그러다 보니 갈등상황이 생겼을 때도 좀 더 적극적으로 대처하게 되었습니다.

물론 갈등이라는 것이 항상 나쁜 것은 아니었습니다. 서로 간의 의견 차이에 좀 더 효과적인 대안을 만드는 과정에서 자연스럽게 갈등이 발생하곤 합니다. 하지만 이번에는 서로 간의 의견을 조율하기 보다는 서로 간의 의견 차이가 크다 보니 다소 큰 갈등 관계로 커질 것 같아 중간에 개입하여 갈등을 조율하려고 하였습니다.

Worst
답변을
피하는 방법

왜 갈등을 해결하려고 하였는지에 대해 구체적인 상황과 동기를 설명하는 것이 좋습니다. "단순히 친구들이 다툼을 해결하고자."의 단편적인 내용은 다소 설득력이 떨어집니다. 평소에는 갈등에 대해 어떻게 생각하였는지, 어떤 사건이 있었는지, 어떤 역할을 하고 싶었는지 구체적인 내용을 만들어 설득력 있는 답변내용을 구상하여야 합니다.

4번 문항

학과의 선택의 이유와 진로 계획을 보는 질문

💬 **어떤 질문이 나올까?**

> **주요기출문제**
>
> 1. 왜 우리 학과에 대한 관심을 가지고자 하였나요?
> 2. 구체적으로 우리 학과에 입학하기 위해 어떤 노력을 하였나요?
> 3. 00교과목에 대한 이론에 대해 설명해 주세요.
> 4. 우리 학과에 입학하여 어떤 생활을 하고 싶은가요?
> 5. 우리 학교를 선택한 이유는 무엇인가요?
> 6. 졸업 이후 진로의 계획은 무엇인가요?

💬 합격률이 높아지는 **답변 전략**

4번 문항에서는 학과에 입학하기 위해 준비했던 노력과 관련 지식을 확인하는 질문이 중점적으로 나오고 있다. 학과에 입학하기 위한 노력 과정에 대해 구체적인 답변을 할 수 있도록 준비해야 한다. 혹시 지원학교에 4번 문항이 없는 경우에는 위의 빈출 질문과 관련된 내용을 할 가능성이 훨씬 더 높으니 철저한 대비가 필요하다. 4번 문항이 있는 경우에는 이미 입학사정관님이나 교수님이 해당 사항에 대해 알고 들어오기 때문에 세부적인 내용을 물어보는 확인형식의 질문이 많은 반면 4번 문항이 없는 학교라면 구체적인 노력 사항과 동기에 대해 세부적으로 물어볼 수 있는 가능성이 크다.

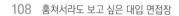

학과에 관련된 노력에 대한 검증 위주로 질문에 대해 교과목 지식의 개념이나 이론 설명을 요구하거나 책의 내용, 평소에 관심을 꾸준하게 쌓고 왔는지에 대한 여부를 통해 진짜 학과를 위해 노력해 왔는지 확인하는 질문을 하게 된다. 또한, 우리 학교에 지원 여부나, 앞으로의 학업 계획이나 진로 계획을 물어볼 수 있고 기타 질문으로는 학업 외 학교생활을 어떻게 보낼 것인지에 대한 질문도 할 수 있으니 미리미리 예상 질문을 만들어보고 대비할 수 있도록 한다.

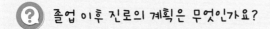 면접 미리보기, **나의 답변은?**

❓ 졸업 이후 진로의 계획은 무엇인가요?

 만점짜리 **답변 훔쳐보기**

Best
답변예시

네 저는 컴퓨터 게임기획자가 되는 것이 목표입니다. 그러다 보니 가장 배우고 싶은 점은 학교에서 게임프로그램 기획에 대해 구체적으로 배워보고 싶습니다. 학과 수업에 기획과제가 있다고 알고 있습니다. 그 기회를 살려 게임 기획을 어떻게 구상하는지 준비해야 할지 경험해 봄으로써 게임의 기획 구성요소에 대한 이해를 넓힐 것입니다. 이후 게임회사의 기획 분야의 인턴 경험을 하며 실무에 게임 기획의 과정을 살펴보며 기획업무를 간접적으로 쌓고 싶습니다. 이후 00게임 회사에 지원을 하여 게임 기획자로서 ~~~한 게임을 기획해 보는 것이 최종 목표입니다.

Worst
답변을
피하는 방법

졸업 후 진로계획에 대해서 물어볼 때 의외로 많은 학생들이 해당 학과를 졸업해서 무엇을 해야 할지 두루뭉술하게 이야기하는 경우가 많습니다. 예를 들면 진로 사항에 "프로그램 개발자" 이렇게 표현하고 어떤 프로그램, 무엇을 제작하는 프로그래머가 되고 싶은지 구체적인 내용을 생각해 보지 않는 경우가 많습니다. 진로 사항에 대해서 구체적으로 졸업 이후 어떤 직업을 가질 것인지 세부적인 졸업 후 진로에 대해 살펴보면서 해당 직업을 가지기 위해 어떤 계획을 가지고 노력할 것인지 답변 내용을 생각해 보자.

입학사정관의
최애 면접 질문 전략

 1 간단하게 자기소개를 해보세요.

 어떤 질문이 나올까?

> **주요기출문제**
>
> 1. 1분 자기소개해 보세요
> 2. 자기소개부터 해 줄래요?
> 3. 짧게 자기소개부터 해 주세요
> 4. 자신의 장단점을 위주로 간단히 자기소개해 볼래요?
> 5. 지원동기 포함해서 자기소개해 주세요

 합격률이 높아지는 **답변 전략**

　자기소개는 답이 정해져 있지 않은 개방형 질문으로 학생의 특성, 활동내용, 성격에 따라 자유자재로 내용을 구성할 수 있습니다. 정답이 없다 보니 학생들에게 쉬울 수도 있고 제일 어려워 울 수도 있는 질문입니다. 하지만 면접관은 '이러한 학생을 선발해야지'라는 기준을 가지고 있습니다. 그 때문에 전략적 접근이 필요한 질문입니다. 특히 첫인상에 큰 영향을 주기 때문에 더욱더 그러합니다. 다음에 제시하는 3가지 방법 중 본인에게 맞는 것이 있다면 참고하여 준비하시기 바랍니다.

첫번째 방법은 지원전공과 관련된 본인의 차별화된 강점을 이야기하는 것입니다. 모든 지원자가 똑같은 강점을 가지고 있지는 않습니다. 때문에 지원전공과 관련된 강점을 어필하면 강한 인상을 줄 수 있습니다. 가령 경제학과라면 책임감보다는 통찰력과 분석능력을, 건축학과라면 친화력보다는 창의력을 말하는 것이 좋습니다. 1가지 강점을 예시와 함께 말할 수도 있고 2~3가지 강점을 짧은 근거와 함께 말할 수도 있습니다.

두번째 전공에 지원하기 위해 노력한 것을 2~3가지 정도로 이야기하는 것입니다. 학생부와 자기소개서에 기록이 되어 있지만 노력한 내용을 짧게 요약해서 이야기하면 입학 의지와 열정을 보여줄 수 있습니다. 글로 읽는 것과 말로 듣는 것은 느낌이 많이 다르기 때문입니다. 말하는 순서는 노력의 강도가 큰 순으로 하시면 됩니다.

세번째 자기소개와 지원동기를 섞어서 이야기하는 것입니다. 먼저 위의 강점이나 노력한 과정을 1개 정도 이야기합니다. 그리고 '00대학 000학과만의 2가지 차별화된 특징을 통해 본인의 꿈을 이루고 싶습니다'라고 끝내는 방식입니다. 본인의 역량뿐만 아니라 학과에 대한 입학 의지까지 동시에 어필할 수 있는 방법입니다.

참고 로 자기소개할 때 책이나 공식, 개념 등 궁금증을 유발할 수 있는 내용을 넣으면 2차 질문으로 바로 이어질 수도 있습니다. 면접 준비 시간의 여유가 있다면 궁금증을 유발할 수 있는 내용으로 구성해 보시기 바랍니다.

면접 미리보기, **나의 답변은?**

❓ 간단하게 자기소개 부탁드려요

 만점짜리 **답변 훔쳐보기**

Best
답변예시

안녕하십니까? 궁금증이 생기면 알 때까지 파고드는 지원자 OOO입니다. 한번은 물리 수업 시간에 태양광 전기자동차를 만들어 보는 시간이 있었습니다. 그런데 태양광 충전 시간이 오래 걸려 제대로 움직이지 않았습니다. 이때 '달리면서 충전할 수 있는 자동차는 없을까?' 란 생각이 들었습니다. 물리책과 관련 독서를 하며 베르누이 법칙을 활용하면 그것이 가능하다는 것을 알게 되었습니다. 이후 관련 논문을 찾아보며 전기 충전의 효율을 높일 수 있는 방법에 대한 보고서도 작성해 보았습니다. 이를 통해 향후 10년 안에 효율을 80%로 끌어올려 보겠다는 꿈을 갖게 되었습니다. OOO 공학과에 진학하여 전문성을 쌓은 뒤 저의 꿈을 꼭 실현시키고 싶습니다. 이상입니다.

 **Worst**
답변을
피하는 방법

면접평가표에 자기소개를 평가하는 항목이 있을까요? 그렇지는 않습니다. 그래서 똑같은 면접을 보았는데도 자기소개를 안 물어보았다는 학생도 있습니다. 하지만 왜 자기소개가 중요할까요? 자기소개를 통해 학생의 입학 의지, 열정, 준비성을 엿볼 수 있기 때문입니다.

따라서 자기소개를 말할 때 평범한 내용으로 해서는 안 됩니다. 진로와 관련된 구체적인 노력이나 전공강점, 본인만의 특성으로 자기소개를 해야 합니다. 다만 내용이 좋아도 1분을 넘기면 핵심이 흐려지니 40초~1분 이내로 준비하시기 바랍니다.

② 우리 학과에 왜 지원하셨나요?

💬 어떤 질문이 나올까?

> **주요기출문제**
>
> 1. 지원동기를 이야기해 보세요 .
> 2. 왜 하필이면 우리 대학 00학과에 합격하고 싶은가요?
> 3. 비슷한 학과도 있는데 굳이 우리 학과를 오려는 이유는?
> 4. 000학과를 지원하게 된 계기가 무엇인가요?
> 5. 왜 000전공을 전공하려고 하나요?
> 6. 학생은 왜 000학과에 관심을 갖게 되었나요?
> 7. 000학과에 오려는 특별한 이유가 있나요?

💬 합격률이 높아지는 **답변 전략**

자기소개 질문과 같이 지원동기도 '개방형 질문'에 속합니다. 개방형 질문이긴 해도 답변의 패턴이 어느 정도 정해져 있기 때문에 쉽게 말할 수는 있습니다. 하지만 자기소개보다 오히려 더 어려워하는 학생들이 많습니다. 왜일까요? 남들도 이야기할 수 있을 뻔한 내용이 대부분이기 때문입니다. 실제로 입학사정관들의 이야기를 들어 보면 지원동기가 비슷한 경우가 많다고 합니다. 특히 수시지원 6개 학교 중에 하향 안정권으로 지원한 학교의 경우 지원동기를 준비하기란 더욱더 어려울 것입니다. (학교를 선택하느라 본인의 희망 진로와 다른 학과를 선택하는 경우엔 더욱더 그러합니다.)그래도 사람 일이란 어떻게 될지 모르기에 지원동기를 잘 준비하여 지원한 모든 대학에서 좋은 평가를 받으시기 바랍니다.

　지원 동기는 크게 학교 지원동기와 학과 지원동기로 나눌 수 있습니다. 두 가지 지원동기의 의도는 '학교나 학과에 대한 관심도'를 알고자 하는 것입니다. 관심을 나타내는 방법은 크게 2가지가 있는데 첫 번째는 실제 그 학교와 학과와의 에피소드, 과거의 일화를 이야기하거나 학과를 들어오기 위한 노력을 이야기하는 것입니다.

　만일 이러한 경험이 없는 경우에는 지원학교와 학과만의 특 장점을 언급하여 관심도를 나타내는 두 번째 방법이 있습니다. 누구나 알 수 있는 정보보다는 찾아봐야 알 수 있는 정보를 언급한다면 좋은 인상을 줄 수 있습니다. 정보를 찾을 수 있는 방법 여러 가지가 있습니다. 이 책에서는 학생들이 잘 모르는 방법 위주로 알려 드리니 꼭 찾아보시고 차별화된 지원동기를 준비하시기 바랍니다.

　* 학교 홈페이지나 학과 홈페이지는 기본이니 먼저 그 정보를 숙지하시기 바랍니다.

▌ 대학알리미 정보를 통해 정보를 얻는 방법 ▌

　대학알리미는 학교의 공시정보를 알려주는 사이트로 교육부와 한국대학교육협의회에서 운영하고 있습니다. 이곳에는 학교별 특성화학과 현황, 취업률, 1인당 교육비, 1인당 장학금. 학교 및 학과 취업률, 국가지원사업 내용 등 홈페이지에서 알 수 없는 내용이 공지되어 있습니다. (http://www.academyinfo.go.kr/) 특히 이곳은 학생들이 잘 모르기 때문에 찾아보았다는 것만으로 관심도를 나타낼 수 있습니다.

▌ 학과 홈페이지 교과과정 내용 및 교수님 논문 검색 ▌

　각 대학교의 이름이 똑같은 학과라 할지라도 세부교육과정은 다른 경우가 많습니다. 가령 전자공학과를 생각하면 반도체 관련 과목을 배운다고 생각합니다. 하지만 어떤 학교는 반도체 관련 과목이 없는 경우도 있습니다. 왜냐하면 교수님 중에 반도체를 전공한 교수님이 없기 때문입니다. 따라서 본인이 지원한 학과의 세부 전공 내용을 파악하고 그 학교만이 가지고 있는 세부 전공을 언급해 주시면 좋습니다. 또한 교수님 논문을 검색해 보면 교수님이 관심 분야를 알 수 있습니다. 본인의 관심 분야가 00인데 전공 교수님께서 그 분야의 권위자라 지원했다고 말해도 좋습니다.

▮▮ 중앙일보 대학평가 ▮▮

매년 마다 중앙일보에서는 대학평가를 하고 있습니다. 학교와 학과 평가를 하는데 100% 객관적이지는 않더라도 학교나 학과가 좋은 평가를 받았다면 그 이유가 반드시 있기 마련입니다. 따라서 작년 평가 내용을 보고 왜 좋은 평가를 받았는지를 찾고 그 내용을 지원동기에 언급해도 좋습니다.

이외에도 네이버나 구글 뉴스 검색을 통해 대학교나 학과를 검색해 보면 관련 내용이 나올 수 있으니 지원동기 작성 전에 꼭 검색을 해보시기 바랍니다.

💬 면접 미리보기, **나의 답변은?**

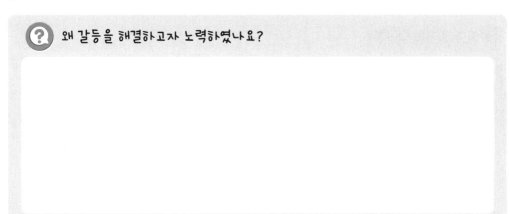

❓ 왜 갈등을 해결하고자 노력하였나요?

💬 만점짜리 **답변 훔쳐보기**

제가 소프트웨어융합대학에 지원하게 된 동기는 크게 두 가지입니다. 첫 번째는 게임 프로그래머에 대한 열정입니다. 한번은 RPG 게임을 하다가 여러 가지 불편한 기능이 있음을 발견하고 이러한 기능을 개선할 수 없을까? 라고 생각하게 되었습니다. 이후 게임 프로그래머의 목표를 갖게 되었고 스스로 c언어 프로그램을 짜보기도 하고 왕 복4시간에 걸리는 학원 수업을 200시간 정도 들으며 프로그램 기초를 닦기도 하였습니다. 두 번째는 기초적인 부분을 응용을 해서 VR관련 게임을 만들고 싶은데 OO대 소프트웨어 융합대학의 경우 게임 개발자 트랙이 잘 갖추어져 있어 게임 프로그래머라는 저의 꿈을 이룰 수 있겠다는 생각이 들어 지원하게 되었습니다.

지원 동기는 전공이나 학교에 대한 지원자의 진심과 열정을 엿볼 수 있게 하는 질문입니다. 선배들이 많이 우려먹은 식상한 답변을 하거나 흔한 답변을 한다면 진정성에 의심을 받을 수 있습니다. 또한 면접관들은 답변을 명확하게 하는 것을 좋아하기 때문에 두괄식으로 말하시기 바랍니다. 그리고 주장에 대한 근거를 첫째, 두 번째 식으로 말하면 내용이 부족하더라도 의사소통에 대한 능력은 긍정적 평가는 받을 수 있습니다.

③ 해당 학과에 오기 위해 어떤 노력을 하였나요?

💬 어떤 질문이 나올까?

> **주요기출문제**
>
> 1. 지원한 전공과 관련하여 어떠한 노력을 하였나요?
> 2. 희망 전공을 위해 특별히 노력을 기울였던 일은 무엇이었나요?
> 3. OOO을 하고 싶다고 했는데 어떠한 노력을 했나요?
> 4. OOO학과를 지원하기 위해 OO관련 공부를 어떻게 했나요?
> 5. 우리 학과를 오기 위해 특별히 기울인 활동이 있나요?

💬 합격률이 높아지는 **답변 전략**

면접관이 지원동기를 듣고 타당하다는 생각이 들었다면 학생의 진정성에 대해서 한 번 더 검증을 하고자 할 것입니다. 왜냐하면 진짜 입학을 하고 싶다면 그에 대한 노력도 성실히 했을 것이기 때문입니다. 사실 1학년부터 3학년까지 진로가 바뀌지 않고 꾸준한 활동을 해온 학생은 이러한 질문이 어렵지 않습니다. 답변이 어려운 학생이 있다면 중간에 진로를 바꾼 학생입니다. 특히 3학년 때 진로를 바꾸었다면 답변하기 여간 까다로운 질문이 아닐 수 없습니다.

그럼 이 질문은 어떻게 대답하는 것이 좋을까요? 준비가 되어 있는 학생이라면 노력한 부분을 솔직하게 말하면 됩니다. 학생부 면접은 서류 확인 면접 성격이 강하기 때문에 진위여부만 확인시켜주면 되기 때문입니다. 만일 노력한 것이 별로 없는 학생은 전공 관련 교과목 수학 및 주제 발표 내용이나 관련 독서, 진로 탐색 활동에 대해 구체적으로 이야기하시면 됩니다. 여기서 핵심은 구체적이라는 것인데 노력을 구체적으로 묘사하면 진정성을 인정받을 수 있기 때문입니다.

면접 미리보기, **나의 답변은?**

❓ 우리 학과에 오기 위해 어떤 노력을 하였나요?

 만점짜리 **답변 훔쳐보기**

Best
답변예시

네. 화학공학과에 오기 위해 저는 2가지 노력을 하였습니다. 먼저 1학년 2학기 때 '폭죽은 얼마나 날아갈까?'라는 주제로 프로젝트 학습을 진행하였습니다. 불꽃놀이용 폭죽의 날아가는 고도와 직접 제작한 폭죽이 날아가는 고도를 비교하였습니다. 또한 폭죽의 추진제는 산화제인 질산칼륨과 연료인 설탕의 조합으로 만들고 추진제를 만드는 과정과 화학반응식을 조사하기도 하였습니다.

두 번째로 과학 시간에 배운 내용을 제대로 이해하고 있는지 확인하고 싶어 창의 과학 골든벨에 참가했습니다. 수업 시간에 배운 것을 토대로 출제한다고 들었기 때문에 배운 내용을 한 번씩 정리하면서 기억하고자 노력했습니다. 이를 통해 응용된 문제를 풀기 위해선 기본 개념을 탄탄하게 해야 한다는 것을 깨닫게 되었습니다. 이상입니다.

Worst
답변을
피하는 방법

해당 학과에 오기 위한 노력을 이야기할 때는 학업역량과 전공 적합성과 관련된 내용을 섞어 이야기하는 게 좋습니다. 왜냐하면 전공에 대한 열정도 중요하지만, 학교입학 후 수업을 따라갈 수 있는 학업역량을 갖추는 것도 중요하기 때문입니다. 그 때문에 진로가 중간에 바뀐 학생이라면 학업역량을 높이기 위해 노력했던 부분을 중점적으로 이야기하셔도 좋습니다.

4 앞으로의 학업 계획에 대해 이야기해보세요

어떤 질문이 나올까?

> **주요기출문제**
> 1. 입학 후 어떤 계획을 가지고 있는지 말해보세요
> 2. 우리 전공을 통해서 무엇을 얻어가고 싶죠?
> 3. 000학과 학업계획에 대해 말해보세요.

합격률이 높아지는 답변 전략

지원학과에 대한 이해도나 진정성을 측정해 보기 위한 질문입니다. 이 질문은 자소서 4번 문항에 포함되어 있는 경우가 많은데 자기소개서에 쓴 내용이 진짜인지를 확인할 때도 물어보기도 합니다. 면접 코칭을 하다보면 학업계획을 수시 입시 원서 쓸 때 생각했다는 학생들을 종종 봅니다. 내신도 올리랴 수능 준비도 해야 하는 상황에서 학업계획까지 생각해 놓는 것이 쉽지 않기 때문입니다. 자료를 많이 찾아보지 못하고 작성하다 보니 학업계획이 구체적이지 않아 두리뭉실한 경우가 많습니다.

따라서 이 질문을 받게 된다면 실현 가능성을 염두에 두고 답변하셔야 합니다. 아무리 좋은 계획도 실현성이 없으면 무의미하기 때문입니다. 실현 가능성이 있는 계획이란 곧 단계적이면서도 구체적인 계획을 말합니다. 그러기 위해서는 졸업 후 목표를 먼저 정해두고 이를 이루기 위한 구체적인 실천계획을 언급해야 합니다. 특히 전문적인 용어를 섞어가며 답변을 한다면 진정성과 실현 가능성이 높은 느낌을 줄 수 있습니다. 만일 4번 문항에 학업계획을 작성했다면 요약해서 이야기해도 됩니다.

면접 미리보기, **나의 답변은?**

> ❓ 앞으로의 학업 계획에 대해 이야기해보세요

 만점짜리 답변 훔쳐보기

Best
답변예시

저의 졸업 후 목표는 ERP 프로그램 전문가입니다. 먼저 기초과목을 튼튼히 한 뒤 정보시스템분석설계 과목을 통해 기업의 업무에 적합한 효율적인 정보시스템을 만드는 것을 공부하겠습니다. 또한 데이터 사이언스 입문과 데이터 마이닝 과목을 배우면서 빅데이터에 대해 자세히 공부할 것입니다. 기술경영컨설팅 동아리인 OOO에 들어가 여러 실제 사례들을 직접 해결해보는 경험을 하며 실무역량을 배양할 것입니다. 최근 영상, 문서와 같은 비정형 데이터까지 더해져 빅데이터가 양산되고 있지만, 기업 입장에서는 유입되는 데이터가 너무 많아 제대로 사용하기도 전에 새 데이터를 가지고 오고 있다는 사실을 알게 되었습니다. 그래서 빅데이터를 어디에 활용할지를 판단하는 데 도움이 되는 효율적인 정보시스템을 개발할 것입니다. 필요하다면 대학원에 진학하여 전반적인 기업의 시스템을 더 자세히 배울 것입니다.

Worst
답변을
피하는 방법

1학년에 무엇을 배우고 2학년 때 무엇을 배우고 식의 나열형 학업계획으로 답변하면 안 됩니다. 각 학과마다 있는 특성화 트랙을 언급하거나 본인의 꿈이나 학업 목표를 위해 꼭 들어야 하는 과목들을 위주로 언급해 주면 좋습니다. 그리고 요즘은 실무역량 강화를 위해 학교마다 현장실습이나 일학습병행제 제도가 잘 되어 있습니다. 학교 제도를 잘 파악하여 지식만 쌓는 학생이 아니라 실무역량 강화를 위해 노력하는 학생이라는 것을 보여주기 바랍니다.

5 앞으로의 꿈은 무엇이고 어떤 계획이 있나요?

어떤 질문이 나올까?

> **주요기출문제**
> 1. 졸업 후 진로 계획은 어떻게 되나요?
> 2. OOO전공 졸업 후 구체적인 계획을 가지고 있나요?
> 3. 본인의 꿈은 무엇이고 그것을 실현할 수 있는 계획이 있나요?

합격률이 높아지는 **답변 전략**

　우선 지원학과와 연관된 직업을 졸업 진로로 정하는 것이 중요합니다. 가령 영어영문학과에 왔는데 해외 영업을 하겠다고 하면 왜 무역학과나 국제통상학과를 가지 영문학과를 지원했냐고 되물을 수 있습니다. 이유가 타당하더라도 면접관으로 들어오시는 교수님은 불쾌해하실 수 있습니다. 또한 꿈만 있고 구체적인 계획이 없는 지원자라고 한다면 전공에 대한 열의나 의지가 약하다고 판단할 수 있습니다. 따라서 실현 가능한 구체적인 계획을 같이 이야기하시기 바랍니다.

　최근에는 회사에서 융합형 인재를 원하기 때문에 복수 전공을 하는 사례가 많습니다. 학교 때문에 점수가 낮은 학과를 선택 후 복수 전공을 선택하는 학생도 있는데 마음은 그렇더라도 본심을 나타내서는 안 되니 주의하시기 바랍니다.

　그리고 졸업 후 대학원에 진학하는 경우가 있는데 해당 학교에 본인이 희망하는 전공이 개설되어 있는지도 사전에 미리 알아보고 답변하시기 바랍니다. 본 전공을 끝내고 융합 전공을 하는 경우는 전공 교수님들도 긍정적으로 보시기 때문에 이와 관련된 내용을 언급해도 좋습니다.

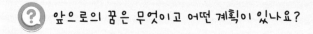 면접 미리보기, **나의 답변은?**

? **앞으로의 꿈은 무엇이고 어떤 계획이 있나요?**

 만점짜리 **답변 훔쳐보기**

 저는 10년 뒤에 사회적 기업 CEO가 되는 것이 저의 꿈입니다. 우리나라 기업은 수익을 사회적으로 환원하는 비율이 선진국에 비해 많이 떨어진다는 통계를 본 적이 있습니다. 이는 빈부의 격차를 더 벌리는 원인 중에 하나라고 생각합니다. 그래서 저는 사회적 기업을 창업 해 사회에 기여하는 CEO가 되고 싶습니다. 000책을 통해서 '인사가 만사'라는 말처럼 인사관리의 중요성을 알게 되었습니다. 그래서 저는 인적 자원개발론, 인적 자원관리 등 인사관리에 관련된 과목을 중점적으로 들을 것입니다. 그리고 3학년 때 사회적 기업 인턴을 하며 사회적 기업에 대한 이해를 높여 나갈 것입니다. 졸업 후 3년간은 사회적 기업으로 유명한 000기업에 입사하여 실무능력을 키울 것입니다. 그리고 10년 후 저만의 사회적 기업을 창업하여 사회에 기여하는 CEO가 될 것입니다.

실현 가능한 구체적인 계획을 꼭 같이 언급하시기 바랍니다.
목표만 있고 계획이 없는 사람은 꿈을 실현할 가능성이 떨어지기 때문입니다. 또한 해당 전공과 동떨어지는 진로를 정할 경우 낮은 평가를 받을 수 있습니다.

6 마지막으로 하고 싶은 말은 무엇인가요?

💬 **어떤 질문이 나올까?**

💬 **합격률이 높아지는 답변 전략**

거의 대부분의 학교에서 물어보는 질문입니다. 사전에 준비했는데 못한 답변을 할수 있는 기회이기도 하며 끝 인상을 좋게 할 수 있는 기회이기도 합니다. 초반에 자기소개를 안 시킨 경우 말해도 되며 본인이 뽑혀야 되는 이유를 가지고 말해도 됩니다.

이 질문도 개방형 질문이라 정답은 없으나 확실한 것은 지원학과에 대한 열정이나적극적인 모습을 보여주어야 좋다는 것입니다. 간혹 말을 안 하고 와도 되지 않느냐고 하는 학생이 있습니다. 물론 마지막 할 말을 안 한다고 해서 점수에 큰 차이가 있는 것은 아닙니다. 하지만 점수가 비슷한 상황이 생긴다면 이왕이면 입학 의지가 강한 사람을 뽑을 것입니다. 따라서 자기소개, 지원동기를 준비할 때 마지막 할 말도필수로 준비하시기 바랍니다.

면접 미리보기, **나의 답변은?**

(?) 마지막으로 하고 싶은 말은 무엇인가요?

 만점짜리 **답변 훔쳐보기**

고구려 시대 때 을파소가 진대법을 건의하여 많은 백성들에게 도움 준 역사적 사실이 있습니다. 저도 이런 을파소처럼 필요한 정책을 입안하여 국민들에게 도움이 되는 공무원이 되고 싶습니다. 이러한 꿈을 OO대 행정학과에 와서 꼭 이루고 싶습니다. 이상입니다.

토양은 다른 환경오염에 비해 일단 오염이 될 경우에 복원하기가 매우 어렵고 현재 미생물을 이용하여 복원하는 방법 등이 개발되고 있지만, 많이 미흡하다고 합니다. 누군가가 꼭 해결해야 할 이 문제를 OOO환경과학에 진학하여 꼭 해결하고 싶습니다. 이상입니다.

'입학을 하게 되면 최선을 다해 학교생활을 하겠습니다' 처럼 식상한 표현을 해서는 안 됩니다. 최근 사회에 일어나는 문제를 언급하며 해당 전공을 통해 문제해결을 해보겠다고 한다면 보다 창의적인 답변이 될 수 있습니다. 주의할 것은 너무 길게 이야기 하지 말라는 것입니다. 1분 자기소개를 하더라도 줄여서 하고 되도록 30초 이내로 짧게 하시기 바랍니다.

막막한 학생부 종합전형!
면접을 앞두었다면 꼭 봐야 할!

훔쳐서라도
보고 싶은

대입
면접장

누구나 학종 금수저가 될 수 있는 컨설팅 노하우 대공개!

PART 4

강남 면접 컨설턴트가 알려주는
면접에 대한 특별한 진실

당신에게도 면접을 도와줄 코디가 있다.

대한민국 최고의 명문사립대를 나온 출신들이 모여 사는 유럽풍의 석조 저택단지에서 상위 0.1%의 자식들을 위해 코디를 통해 입시를 준비하는 모습은 평범한 학교와 가정에서 태어난 학생들에게 적지 않게 자괴감을 주었을 것이라고 생각합니다. 학생부종합전형 취지에 맞게 지원 학과에 대한 열정적인 노력을 한 우리 학생들이 혼자서도 면접이라는 관문을 뛰어넘을 수 있도록 돕고 싶다는 생각을 했습니다. 꼭 비싼 컨설팅을 통해서만 알 수 있는 내용이 아니라 누구나 면접을 보는 학생이라면 평등하게 준비할 수 있도록 이번 장에서 학생들의 개인별 면접 코디가 되어드리겠습니다.

감수하겠습니까?

저를 전적으로 믿으셔야 합니다.

- 스카이캐슬 대사 中 -

스카이캐슬 대사처럼 이번 파트에서 소개해드리는 면접에서 요구되는 사항에 대해 믿고 따라서 연습하신다면 좋은 결과를 얻을 수 있다고 생각합니다. 면접이라는 과정을 단순히 글로서 배우게 되었지만, 반드시 실습하고 모의 면접의 과정을 통해 연습이 꼭 필요한 과정이니 꼭 실전 연습을 통해 자신만의 것으로 만들어보길 바랍니다.

면접에서 반드시 알아야 할 것들

🔔 1 면접을 보시는 분이 누구인지 알아야 대비하죠.

"지피지기면 백전백승"

　상대를 알고 나를 알면 백 번 싸워도 백번을 이길 수 있다는 말처럼 나를 평가하는 면접관들에 대해 미리 알고 간다면 면접에서 자신의 학과에 입학하고자 하는 어필을 효과적으로 전달할 수 있다고 생각합니다.

면접평가	**1) 학생부 종합 전형 면접 평가 특징** · 다수의 형가자(2인)가 평가하여 공정성을 확보하고 있습니다. · 10분 내외의 개별면접 진행으로 공정성과 형평성을 지킵니다. · 공통질물을 지양하고 개인 서류를 기반으로 한 개별질문을 합니다. · 평가자들은 면접고사 시행 전 면접대상자의 서류를 파악한 후 면접이 진행됩니다. · 학교창추인재 전형 및 특성화고 등을 졸업한 재직자 전형을 일과전형으로, 　면접 평가를 진행하지 않습니다. **2) 평가기반서류** · 학교생활기록부 · 자기소개서

〈동국대전형 가이드북 중〉

　위의 공고에서 기록되어 있는 것처럼 면접관들은 보통 2~3분 정도 구성이 됩니다. 학교의 사정에 따라서 변경될 수 있지만 보통 3분의 기준으로 전공 교수님 2분 입학사정관님 1분으로 구성되어 있습니다. 이 중에서 전공 교수님도 학과 교수님 1분과 유사계열 교수님 1분으로 구성되어 있는 것이 가장 일반적인 면접관 구성이라고 이해하시면 좋겠습니다.

세분 기준으로 앉은 위치에 대해 설명해 드리자면 보통 가운데 해당 학과 교수님이 앉아 계시고 문 근처에는 입학사정관님 그 외에 자리는 유사계열 교수님이 앉아 있을 가능성이 높습니다. 자 이렇게 면접관의 구성과 자리 배치를 알려 준 이유는 "나에게 질문을 하실 면접관에 대해 미리 위치적으로 이해하고 있다면" 조금은 안정적으로 면접 질문 답변할 가능할 수 있다고 생각합니다. 또한, 질문을 하는 의도와 중요도를 미리 파악할 수 있으니 좀 더 면접의 분위기에 잘 적응할 수 있다고 생각합니다.

교수님들의 역할은 주로 학교와 학과에 대한 질문을 물어 보는 경향이 있고, 입학사정관님은 서류 확인형 면접의 진행 및 시간 체크를 주로 담당하는 것으로 알려져 있습니다. 교수님의 경우에는 지원자의 인성부터 우리학과 생으로서 적합한 지식과 노력 관심을 확인하는 질문을 많이 하기 때문에 질문의 중요도가 가장 높다고 말씀드리고 싶습니다. 특히 전공에 관련된 지식과 노력에 대해 교수님이 질문하시는 것에 대해서는 해당 학과생으로서 열의, 관심, 노력들에 대해 구체적으로 이야기할 수 있도록 준비가 필요합니다.

반면에 입학사정관님은 서류 확인용 질문을 주로 많이 검증하는 경향이 있습니다. 따라서 학교생활기록부 내용과 자기소개서에 관련된 세부사항을 파악하는 질문할 가능성이 가장 높습니다. 서류 확인용 질문이기 때문에 진실성이 느껴질 수 있도록 해당 사항에 대해 체계적으로 준비하여 세부적인 사항까지 검증이 될 수 있도록 준비가 요구됩니다.

2 면접에서 뽑히는 인재로서 모습을 보여야죠.

학생들에게 누가 뽑힐 것인지 물어보면 "성적이 좋은 학생, 전공 지식이 풍부한 학생"이라고 답변할 것입니다. 면접에서 잘 뽑히는 인재의 조건의 모습으로서 부인할 수 없는 내용입니다. 학교의 입장에서 보자면 성적도 좋고 학과 전공에 대한 준비를 체계적으로 한 학생을 받아주지 않을 이유는 없습니다.

그렇다면 왜 뽑히는 인재로서 모습이 중요할까요? 일부는 이미 성적이 좋은 학생들만 뽑히는 거 아닌가요? 와 같은 질문을 던질 수 있습니다. 하지만 여기에서 문제가 되는 것은 학교의 면접관이 아니라 바로 지원하는 학생들이라고 말할 수 있습니다. 학생부종합전형에서는 6곳에 학교에 지원할 수 있을 것입니다. 6곳 다 희망하는 학교를 지원하면 좋지만, 대부분의 학생들의 경우에는 안정권인 학교 희망하는 학교 2가지 측면으로 분리하여 1순위부터 6순위 학교까지 등급을 매겨 지원하게 됩니다. 이러한 상황에서 안정권 학교와 희망했던 학교 두 곳 다 합격하면 어디를 갈까요? 당연히 희망했던 학교에 갈 것입니다. 이렇게 되면 안정권 학교에서는 인원모집에 문제가 생기고, 추가합격이나 추가모집을 통해 인원을 선발할 수밖에 없습니다.

이러한 상황이다 보니 각 학교마다 우수하고 뛰어난 인재를 선발하고 싶지만, 다른 학교에 갈 가능성도 생각하고 있습니다. 그렇다고 조건적으로 훌륭한 학생에 대해 선발을 배제할 수는 없지만, 다른 한편으로는 우리 학교에 적합한 학생을 선발하기 위해 총력을 기울입니다. 즉 소위 스펙이 뛰어난 학생들이 나가게 되면 후순위로 뽑힐 학생에 대해 준비를 안 할 수 없습니다.

이러한 상황이기 때문에 해당 학교에 정말 입학하고자 한다면 자신의 능력도 중요하지만, 지원 학교, 학과에 관련된 이야기와 관심 있는 내용 위주로 답변을 구성하면서 해당 학교에서 정말 입학하고 싶다는 간절한 내용들이 필요합니다. 예를 들면 우리 학 과에 준비하기 위한 노력의 과정도 어느 학교 학과에서 공통적으로 답변할 수 있는 내용이 아닌 학교마다 특징 있는 학과의 프로그램이나 교과목에 대해 언급을 하며 학과에서 이러한 수업을 배우기 위해 특정 노력을 해 왔다. 라고 의미를 부여하여 답변할 수 있어야 합니다. 또한, 우리 학교에 왔을 때 첫인상이나 지원동기에 관련된 질문에 대해 대비할 수 있도록 학교에 특징이나 직접적인 방문 경험을 통해 해당 질문에 대한 내용을 언급할 수 있도록 대비해야 합니다.

또한, 학과나 학교에 관련된 질문이 나오지 않더라도 일반적인 질문 사항에 답변을 할 때도 마지막에 00 대학교에 ~~한 점을 기반으로 공부하고 싶다. ~~한 점을 가지고 학교생활을 잘 적응해 나가겠다. 라는 답변을 하면서 학교에 대한 관심과 열의를 보일 수 있도록 면접 준비를 하도록 하는 것도 도움이 될 수 있습니다.

🔔 3 면접에서 평가 요소에 대해 알고 가셔야죠.

면접에서 평가는 단순히 서류로 파악하기 어려웠던 사실을 직접 지원 학생을 보면서 답변을 듣고, 지원 학생의 답변의 모습을 보며 진정성 있는 의지와 자질을 검증하려고 합니다. 평가 요소에 대한 주요 요소들에 대해 살펴보겠습니다.

의사소통능력과 태도

기본적인 의사 통과 면접을 진행하는 과정 속에서 지원자의 태도와 모습을 평가합니다. 질문에 대한 의미파악과 기본적인 의사소통이 어렵다면 정확한 면접 평가하기 어렵습니다. 또한, 불성실한 태도로 면접을 참가하거나 예의 없어 보이는 지원자는 기본적인 인성에 문제가 있다고 판단하여 평가에서 좋지 않은 점수를 줄 수 있습니다.

기본적인 자질과 인성

대학생으로 갖추어야 할 학업능력과 학생들과 어울릴 수 있는 올바른 태도에 대해 평가합니다. 학과 수업에 따라, 갈 수 있는 기본적인 학업능력과 학생들과 잘 어울릴 수 있는 성향을 가지고 있는지, 학교에서 추구하는 학생들의 인재상 적합도를 평가합니다.

사실 확인 및 학과 발전가능성

자기소개서 작성된 내용과 학교생활기록부에 기록된 내용의 사실여부 확인을 통해 학생이 진정성 있게 준비해 왔는지 노력해 왔는지를 검증하고, 학과에서 학업을 이끌어가는 데 요구되는 관심 사항과 명확한 진로를 가지고 꾸준히 학과 생활을 이어갈 학생인지 확인합니다.

🎓 면접에서 탈락을 부르는 답변 모습 3가지

1. 면접에 임하는 답변 과정에서 태도가 불량하거나 인성적인 부분에 문제가 될 경우

2. 전공에 대한 기초적인 지식을 물어보았을 때 기본적인 내용에 대해 전혀 답변을 하지 못하여 전공 적합성이 떨어져 보일 경우

3. 질문에 대한 의도를 잘 파악하지 못하거나 면접관의 질문에 잘못된 답변이 지속될 경우

02

chapter

면접 합격을 위한
셀프 트레이닝 방법

① 면접의 답변보다 미리 준비해야 할 팩트

면접을 하러 가기 전에 먼저 철저히 준비해야 할 팩트 알고 있으신가요? 면접 질문과 답변도 중요하지만, 면접을 하러 가기 위해 사전에 준비해야 할 사항에 대해 살펴보도록 하겠습니다.

먼저 복장과 외모에 대한 주의사항

면접의 복장은 학생으로서 깔끔한 모습을 보여주는 복장으로 입고가면 좋은데요. 대부분 추천해 드리는 복장은 바로 교복입니다. 교복만큼 깔끔한 복장은 없다고 생각하는데요? 혹시나 교복을 짧게 수선하거나 다소 변형시킨 교복이라고 하면 친구의 복장을 빌려 입을 수 있도록 준비해 주셔야 합니다.

이전에는 대부분 학생부종합전형 지원자분들은 교복을 착용하고 갔지만, 최근에 생긴 면접전형이 있습니다. 바로 블라인드 전형입니다. 학생의 이력과 신분을 알 수 없도록 면접에서 아무런 개인정보를 알 수 없도록 하는 전형입니다. 대부분의 대학에서 "블라인드 면접"을 전면적으로 도입하여 학생의 출신 지역, 학교, 지원자의 개인적인 정보를 알 수 없도록 하여 객관적인 상황에서 면접이 진행되는 전형을 말합니다. 면접을 치르는 동안 자신의 학교 이름이나 본인의 이름, 가족의 직업 등을 말하면 안 되는 면접입니다. 앞으로는 서울의 주요 대학 대부분이 학생부종합전형 면접에서 블라인드 면접이 점차 확대될 예정입니다.

구 분	면접내용	면접 유의사항(블라인드 면접)
바롬인재 플러스인재 융합인재 기독교지도자 고른기획	- 제출 서류 기반으로 지원동기, 전공에 대한 관심과 이해도, 고등학교 재학기간 중 관련 경험 등 확인함 * 서류 내용 진위확인(해당자)	- 면접 과정에서 지원자 이름, 수험번호, 출신학교를 면접관이 알 수 없도록 제출 서류에서 해당 항목을 모두 삭제하여 진행, 지원자는 면접 과정에서 이름 언급할 수 없음 - 면접 시 교복, 배지, 이름표 등 착용 금지 - 고의적으로 본인이나 부모의 신상을 대해 언급하는 경우 평가에 불이익이 있음
바롬인재 (현대미술전공)	- 스케치 면접(주어진 주제에 대해 20분간 간단한 스케치 진행 - 스케치 기반으로 질의응답 및 전공적합성 확인 - 제출 서류 기반으로 지원동기, 전공에 대한 관심과 이해도, 고등학교 재학기간 중 관련 경험 등을 확인함	

〈서울여자대학교 면접내용 중〉

　이러한 블라인드 면접을 보는 학교는 어떤 복장을 입고 가면 될까요? 이러한 경우에는 캐주얼 복장을 입고 가시면 되는데요, 가까운 대학교에 한 번 방문해 보셔서 가장 깔끔하고 무난한 대학생 선배님들의 옷을 보면 이해되실 수 있습니다. 다만 캐주얼 복장이더라도 운동복, 청바지, 짧은 반바지, 색이 너무 진한 색, 속이 비치는 등의 옷을 절대 피해주셔야 합니다. 옷은 현란한 무늬 없는 단색과 다소 어두운 톤으로 안정감을 줄 수 있는 옷을 입고 면접에 임하셔야 합니다.

　외모에 대한 주의해야 할 사항으로는 학생으로서 단정한 머리 스타일을 하셔야 하는데 면접에 임하는 경우 머리는 이마와 귀가 보일 수 있도록 단정한 머리스타일을 유지하셔야 합니다. 특히 이마가 보여야 신뢰감을 줄 수 있는 이미지를 형성할 수 있습니다. 여학생의 경우에는 다소 긴 머리가 지저분하게 보이지 않도록 머리에서 어깨까지 내려오는 단발 컷을 하거나 긴 머리를 끈으로 묶어 가지런하게 보일 수 있도록 연출합니다.

여학생의 경우에는 아주 옅은 화장은 깔끔한 모습을 보여주는 데 도움이 되지만 짙은 화장이나 색조가 들어가는 과도한 아이라인이 있는 경우에는 학생으로서 본문에 어긋나는 요소이기 때문에 면접관에게 좋지 않은 인상을 줄 수 있습니다. 혹시 머리에 염색한 학생이 있다면 다소 어두운 갈색 정도는 괜찮지만 밝은 톤의 염색은 학생으로서 이미지에 위배될 수 있으니 반듯이 검은색으로 염색을 하고 가시기 바랍니다. 마지막으로 과도한 귀걸이나 목걸이는 최대한 자제하여서 면접장에서는 단정한 학생의 이미지로서 연출을 하시기 바랍니다.

다음으로 면접을 볼 학교에 미리 가볼 것을 추천

가고 싶은 대학교에 미리 방문해보면서 집에서부터 학교까지의 대중교통 이용 방법도 확인해 보고, 면접이 진행되는 학교의 건물까지 이동 거리와 방법에 대해 꼼꼼하게 준비하길 권합니다. 한 번도 학교를 방문하지 않고 면접 당일에 학교에 지각하는 경우나 면접장을 찾지 못해 허둥대는 일이 발생하는 일이 종종 소식으로 접하게 되는 경우가 있기 때문에 면접장에 반드시 방문해 보길 바랍니다. 한 가지 팁을 더 드리자면 학교를 방문해 보면 좋은 이점 중 하나는 바로 면접 질문 하나는 확실하게 준비할 수 있습니다.

"우리 학교에 와보니 어떤 기분이 드나요?

"우리 학교 건물 중 무엇이 인상 깊나요?"

학교에 관련된 시작 질문에 대해 면접 당일에 생각하기보단 미리 면접장을 방문해봄으로써 생각해 볼 수 있는 기회도 있고, 면접에서 답변을 할 때도 "제가 이 학교에 너무 오고 싶었기 때문에 1주일 전에 방문해 보았습니다." 이렇게 면접 답변에도 녹여낼 수 있는 기회를 가질 수 있으니 꼭 한번 방문해 보길 바랍니다.

마지막으로 지원학교 지원 전형마다 기록되어 있는 면접전형과 전년도 기출문제를 파악하는 것입니다. 홈페이지 수시 모집 요강을 통해 면접의 방식에 대해 살펴보면서 면접의 전형이나 평가 방법에 대해 살펴보는 것이 중요합니다.

평가요소(비율)		평가항목
전공 적합성 (30%)	바룸인재 플러스인재 고른기획	전공에 대한 관심과 이해, 전공 관련 교과목 이수 및 성취도, 전공 관련 기초소양 및 활동
	바룸인재 산업디자인학과 시각디자인전공	전공에 대한 관심과 이해, 전공 관련 교과목 이수 및 성취도, 디자인 관련 기초소양 및 능력
	바룸인재 현대미술전공	전공에 대한 관심과 이해, 전공 관련 교과목 이수 및 성취도, 자기표현 능력(스케치 기반), 자유로운 표현 능력(스케치 기반)
	융합인재	전공에 대한 관심과 이해, 전공 관련 교과목 이수 및 성취도, ICT 관련 기초소양 및 활동
	기독교지도자	전공에 대한 관심과 이해, 전공 관련 교과목 이수 및 성취도, 소명 의식
발전 가능성 (30%)	바룸인재 플러스인재 고른기획 기독교지도자	자기 주도성, 경험의 다양성, 리더십, 창의적 문제해결력
	융합인재	자기 주도성, 경험의 다양성, 리더십, 창의·융합적 사고력, 개방적 사고
인성(30%)		협업능력, 나눔과 배려, 성실성
의사소통능력(10%)		상대방의 의사 경청, 상대방의 의도 이해, 논리적인 의사전달

〈서울여자대학교 면접평가 내용 중〉

대학 입학 홈페이지에는 선행학습 영향 평가 보고서를 참고하면 면접의 출제 의도나 작년도 기출 문제를 파악할 수 있기 때문에 참고해 보도록 합시다. 이를 기반으로 자신의 제출한 자기소개서와 학교생활기록부를 살펴보면서 예상 기출문제를 만들어 보며 철저한 대비를 할 수 있습니다.

혹시 면접 전형의 일정을 살펴보면서 타 대학과의 면접 시간이 겹치게 되면 학교 입학담당자에게 요청하여 오전 오후 시간 변경 가능 여부를 확인하여 자신이 희망하는 대학교에 면접을 최대한 볼 수 있도록 조정하는 것도 미리 준비해야 할 점입니다.

2 면접 4단계 트레이닝

1단계 : 면접 대기실 마인드 트레이닝

"면접을 보기 전에 강당에 모여 앉아 있게 되었습니다. 학생들 서로 대화를 하지 못하게 하였고, 자기소개서나 학교생활기록부 등의 자료는 볼 수 있도록 허용해 주었습니다."

"블라인드 면접에 가게 되었습니다. 면접에서 출신학교를 언급하면 안 된다는 주의사항을 들었고, 교복의 학교마크도 스카치테이프를 통해 가리게 되었습니다. 대기 중에는 휴대폰을 볼 수 없도록 엄격하게 감시하고 있었습니다. 제가 가지고 간 학교생활기록부와 자기소개서만 볼 수 있었습니다."

위 내용은 직접 면접을 본 학생들의 면접장 후기를 재구성한 것입니다. 면접의 대기실에는 면접을 보는 것이 아니라고 생각하면서 자유스럽게 행동하는 할 수 있는 자리가 아니라는 점에 대해 주의하는 것이 중요합니다. 일단 학교에 면접장에 들어갔다면 이미 면접은 시작된 것이라고 생각하면서 면접이 끝날 때까지는 면접을 보는 학생으로서 적당한 긴장감과 절제된 행동을 할 수 있도록 연출이 필요합니다.

면접 대기실에 운영을 도와주는 선배님이나 학교 직원분들이 제2의 면접관이 되어 우리를 평가하고 있다고 생각하면 좋겠습니다. 직접적인 평가는 할 수 없을지라도 여러 가지 문제가 있는 학생의 경우에는 면접관까지 이야기가 전달될 수 있는 가능성을 무시할 수 없습니다. 그렇기 때문에 면접대기실에서부터 면접을 끝나고 집에 갈 때까지 면접에서 지켜야 할 태도를 유지하도록 하는 것이 중요합니다.

우선 면접장에 소지하고 가면 안 되는 물건이 있는지 확인하도록 합시다. 휴대폰이나 전자 기계를 들고 들어갈 수 없는 면접장에 대해서는 특히 유의하여 오해를 사지 않도록 조심해야 합니다. 면접 대기실에서는 자신의 학교생활기록부와 자기소개서 이외의 자료를 볼 수 없으니 필요 없는 자료를 가지 않도록 합니다.

준비된 자료를 보면서 주변 친구들과 잡담이나 큰 목소리를 내는 눈에 띄는 행동을 하지 않도록 하며, 대기실에 앉아 있는 자세 또한 엎드려 있거나 졸고 있는 모습을 보이지 않도록 유의해야 합니다. 대기실부터 면접이 시작된다고 생각하고 정자세로 자신의 준비된 자료를 꼼꼼하게 준비하며 면접의 순서를 기다려야 합니다.

자신의 면접 순서가 되기 전에 미리미리 화장실에 가서 옷이나 머리에 대한 손질 정도 미리 해놓는 것이 중요하며, 면접 순서가 임박했을 경우에는 미리 면접장으로 이동해야 하는 일이 발생하니 미리미리 화장실을 다녀올 수 있도록 합시다. 화장실에 갈 경우에는 반듯이 안내를 도와주시는 선생님께 화장실에 다녀와도 되는지 요청드린 후 다녀올 수 있도록 신경 쓰는 것이 좋습니다. 간혹 안내를 도와주시는 선생님과 편한 대화를 나누는 학생들이 있는데 최대한 안내를 도와주시는 선생님이 편하다고 생각하면서 여러 가지 잡담을 나누지 않도록 주의해야 합니다.

✏️ 2단계 : 면접장 이동 트레이닝_면접장 입장에서 퇴실까지

많은 학생들은 면접 대기실에서 면접장까지 가본 경험이 없기 때문에 어떻게 면접이 진행되는지 궁금해하는 학생들을 많이 접하곤 합니다. 그리고 면접장에 들어갈 때 인사를 어떻게 해야 하는지 인사법에 대해 의외로 물어보는 학생들이 많습니다. 학교에서 취업이나 수시 면접을 대비하는 특강 시간에 면접 인사법에 대한 교육을 들은 경험은 어설프게 있지만, 확실히 모르는 경우가 있어 면접장 입실부터 퇴실까지 구체적인 행동 사항에 대해 설명해 드리겠습니다.

면접 대기실에서 자신의 면접 순서를 기다리고 있으면 면접 안내를 도와주시는 선생님이 학생의 번호를 호명하게 됩니다. 면접 안내 선생님을 따라 이동하게 되면 면접실에 도착하게 되고 면접장 들어가기 전 문 옆 의자에 앉아 자신의 순번이 올 때까지 대기합니다. 간혹 제시문 면접을 보는 경우에는 면접실 대기 의자에서 자신의 제시문 면접을 풀게 됩니다.

자신의 면접 순서가 되어 면접장에 들어가는 경우 면접 안내원이 면장에 들어갈 때 어떻게 인상하고 앉아야 할지 안내를 해주시는 경우라면 안내원이 말씀하시는 방법을 따라주셔야 합니다. 면접의 효율적인 시간 관리를 위해 간혹 "면접장에 들어가서 인사하지 말고 바로 의자에 앉으시면 됩니다. 면접이 끝날 경우에도 인사 없이 바로 퇴실하시면 됩니다." 이렇게 안내를 하는 경우에는 안내해주신 방법에 따라 행동하시면 됩니다.

▌ 만약 이러한 상황이 아니라면 면접장에 들어갈 때 기본적으로 알고 가야 할 면접 인사법에 대해 꼭 숙지해주시기 바랍니다.

- 면접장에 문 앞에서 심호흡을 한번 하고, 얼굴에 미소를 짓습니다.
- 가볍게 노크는 두 번 두드리고 문을 열고 들어갑니다.
- 문을 열고 나서 바로 몸을 문 쪽으로 돌려 문을 살며시 닫습니다.
- 문을 닫은 후 면접관을 바라보며 밝은 표정으로 가볍게 차렷 자세에서 목례를 합니다.
- 의자가 있는 쪽으로 걸어가고 의자 앞으로 자신감 있는 모습으로 걸어갑니다.
- 의자 앞에 위치하여 차렷 자세를 합니다.
  (의자와 앞에 면접관의 책상과 폭이 좁다면 의자 옆에 위치합니다.)
- 차렷 자세에서 밝은 표정과 자신감 있는 목소리 톤으로 "안녕하십니까!" 말합니다.
- 본인 성격의 단점에 대해 이야기하고, 극복 노력이 있다면 이야기해보세요.
- 큰 목소리로 인사를 하고 나서 허리를 45도 굽혀 인사를 마무리합니다.
- 면접관이 "앉으세요. 이야기하면 그때 "감사합니다." 말하면서 자리에 앉습니다.
- 면접이 끝날 때는 자리에 일어서서 차렷 자세를 하고 "감사합니다."라고 말하고 나서 45도 굽힌 인사를 하고 들어왔던 길을 따라 퇴실하면 됩니다.

위 사항에 대해서는 집에서 카메라를 설치하여 자신이 문을 열고 의자 앞에서 인사하는 모습과, 퇴실하는 모습의 모습을 촬영하여 정확하게 숙지하였는지 여러 번 실습을 해보시길 권합니다. 마지막으로 가장 중요한 팁을 드리자면!!! 면접장에 들어갈 때부터 밝은 표정과 자신감 있는 눈빛을 연출! 해서 들어가시기 바랍니다. 면접관은 3초 이내에 여러분들 첫인상을 결정하는 순간이 바로 면접장에 들어설 때부터라는 점에 대해 꼭 기억하시길 바랍니다.

✏️ 3단계 : **면접 중 스피치 트레이닝 5단계**

▌▌ 의견과 생각을 표현하는 답변 법 (답변 시간: 30초 내외) ▌▌

면접에서 가장 대표적으로 활용될 수 있는 답변 방법에 대해 소개해드리겠습니다. 이 답변법은 면접에서 가장 보편적으로 활용되는 답변법이라고 생각하시면 됩니다.

면접에서 가장 중요한 답변 방법은 질문에 대한 주장을 명확하게 시작하는 것입니다. 예를 들면 "친구가 몇 명인가요?" 물어보았을 경우 "제가 친한 친구들이 많고 직접 세어보지 않았지만…" 이렇게 질문에 대한 주장점이 명확하게 드러나지 않고, 자신의 생각과 의견을 설명하고 나서 주장 점을 이야기하는 것은 바람직하지 않습니다.

"친구가 몇 명인가요?"라고 물어보았을 경우 주장 점은 "네 3명의 친구가 있습니다."라고 명확하게 이야기를 해 주어야 합니다. 주장 점을 명확하게 해야 하는 이유는 자신의 의견에 대한 확실한 내용 전달을 할 수 있고, 면접관 입장에서도 다수의 학생들의 답변에 대해 일일이 신경 쓰고 듣지 않아도 내용을 파악할 수 있다는 점에 강점을 가지고 있습니다.

특히나 면접관은 하루에 수십 명의 학생들의 이야기를 들어야 하는 상황이기 때문에 한명 한명 집중하여 답변을 듣기에는 다소 힘들어 있는 상태입니다. 그렇기 때문에 명확한 주장을 하지 않고 주절주절 자기가 하고 싶은 말을 다 해버리면 면접관은 핵심을 이해하지 못하고, 지원자가 원하는 답변을 하지 않는다고 생각하며 학생의 의사소통 능력이 떨어진다고 생각할 수 있다. 즉 주장점이 두루뭉술하면, 면접관과 의사소통이 되지 않는다는 것은 면접에서 좋은 평가를 받기 어렵게 되기 때문에 다시 한번 강조하지만 명확한 주장 점을 말할 수 있도록 연습해야 합니다.

질문을 받으면 주장에 대한 짧은 단문 형식으로 명확한 답변을 바로 시작하자!

주장 점을 이야기하고 나서 관련된 주장에 대한 이유와 근거 내용을 뒷받침하면 됩니다. 근거를 이야기할 때 구체적인 설명이나 관련된 경험을 이야기하면 됩니다. 이때 근거에 대한 경험을 이야기할 때는 다소 함축적인 문장을 만들어 핵심적인 내용만 말할 수 있도록 연습하시기 바랍니다.

마지막 결론을 내릴 경우에는 해당 내용을 바탕으로 앞으로 어떻게 활용할 것인지, 배우고 느낀 점은 무엇인지 답변하면 됩니다. 여기서 중요한 점은 면접은 평가를 받는 자리이기 때문에 반듯이 결론에 관련된 내용을 바탕으로 어떻게 활용할 것인지, 아니면 무엇을 배우게 되었는지 면접관에게 자신에 대한 내용을 학습, 인성, 학과/대학 관심을 평가받을 수 있도록 답변 방향을 잡아보도록 합시다.

결론에서는 자신의 내용을 바탕으로 무엇을 얻게 되었는지, 앞으로 활용할 것인지 생각하여 정리하여 답변합시다.

의견과 생각을 표현하는 답변 법

 평소 취미생활은 무엇이에요?

취미생활은 그림을 보는 것입니다. (주장)
그 이유는 어릴 적부터 미술학원에 다니면서 그림을 접한 이후에 꾸준히 그림을 보게 되었습니다. (이유)
최근에도 OO미술 전시회에 방문을 하며 OO작품을 보면서 그림의 색과 터치감을 볼 수 있었습니다. (근거)
이러한 취미 생활을 꾸준히 유지하면서 디자인학과에서 필요한 색감이나 표현방식에 활용할 것입니다. (결론)

경험/사례를 답변하는 방법(답변 시간: 45초 내외)

의견과 생각해야 하는 질문과 달리 특정 경험과 사례에 대해 물어보는 질문에 답변 방법을 알아보도록 하자. 경험과 사례를 이야기하는 순서는 다음과 같습니다.

우선 주장 점을 명확하게 시작해야 하는 점에 대해 익히 설명한 적이 있습니다. 경험/사례 질문에 대해서도 질문에 대한 주장점부터 먼저 시작해야 하는 것입니다. 예를 들어 힘들었던 경험을 물어본다면 "네 동아리에서 힘들었던 경험이 있습니다."라고 주장 점을 확실하게 이야기해야 합니다.

경험과 사례의 핵심은 바로 배경, 사건, 행동, 결과 순으로 답변하는 것입니다. 배경이라고 하면 그 경험에 대한 참여 이유나 환경에 대한 설명이고, 사건은 어떤 일/무슨 일이 벌어졌는지 설명하는 것입니다. 다음으로 행동은 사건에 따라 지원자가 어떠한 생각과 행동을 펼치게 되었는지 설명하고, 그에 따라 얻게 된 결과에 대해 설명하는 것입니다. 경험의 답변에서 중요한 포인트는 어떻게 생각하였고, 행동하였는지에 대한 행동 중심의 설명을 하는 것입니다. 면접관은 질문에 관련된 과거 경험에서 지원자의 생각과 행동을 기반으로 앞으로 학생의 자질과 능력을 판단하기 때문입니다. 이러한 경험에 대한 설명 이후 이러한 경험을 통해 새롭게 알게 된 점이나 배운 점 교훈 등에 대해 정리하여 답변하면 됩니다.

🎓 **경험/사례를 답변하는 방법**

면접관 힘들었던 경험에 대해 말해보세요.

학생 조별 과제를 혼자 해서 힘들었던 일이 있었습니다. (주장)
수학 조별 과제에 대해 친구들이 다 바쁘다는 핑계로 참여하지 않았던 일이 있었습니다. (배경+사건)

하지만, 제가 포기하면 아무도 하지 않을 것 같고, 힘들더라도 혼자서 해보자는 결심을 하였습니다. 그래서 혼자 인터넷과 도서관 책을 이용해 가며 과제를 혼자 풀기 위해 노력하였습니다. 힘들어서 그만하고 싶었던 생각도 있지만, 저의 노력을 보여 준다면 친구들도 나중에 잘 협조해주겠지 생각하였습니다. (행동)

그 결과 참여하지 못한 친구들이 미안하다고 하나둘씩 참여하게 되었고 조별과제를 문제없이 끝낼 수 있었습니다. (결과)

이 경험을 통해 힘들지만 포기하지 않고 그 순간을 버틴다면 좋은 결과를 만들어낼 수 있다는 점을 배울 수 있었습니다. (배우고/느낀 점)

▍▌ 압박질문과 돌발질문 대처법 ▐▍

간혹 면접을 보다 보면 자신에게 불리한 질문을 받게 되는 경우가 있습니다. 이러한 경우 효과적으로 불리한 상황을 긍정적인 분위기로 만들 수 있는지 알아보도록 합시다.

"지각이 너무 많은 것 같은데요?"

"학과에서 공부하기에는 다소 학업능력이 부족해 보이는데요?"

"아까 이야기했던 개념은 잘못 설명한 것 같은데"

이러한 질문이 나오면 대부분의 학생들은 반사적으로 아니라고 대응을 하면서 자신의 잘못된 점을 가리기 위해 애를 쓰곤 합니다. 압박이나 불리한 질문을 받을 때 이처럼 대응하는 자세를 버려야 합니다. 여러분들이 아무리 좋게 잘못된 점을 가린다고 하더라도 면접관 입장에서 그리 설득력 있게 들리지 않습니다. 이미 면접관은 여러분들을 부정적으로 바라보고 있는 상태이기 때문에 아무리 좋은 이야기를 해도 와닿지 않습니다.

압박이나 부정적인 질문에 대해서는 "선 인정, 후 극복 방법"을 이야기하면 면접관의 부정적인 시각을 지울 수 있습니다. 오히려 여러분들이 잘못한 점에 대해 인정하는 모습을 보이는 것 자체가 진정성 있고 호감 있는 학생으로서 모습을 비출 수 있습니다. 다만 주의해야 할 점은 인정을 하되 자신의 단점을 부각시킬 필요는 없습니다. 한번 아래의 예시를 바라보며 인정하는 답변의 방법에 대해 익힐 수 있도록 하겠습니다.

"지각이 너무 많은 것 같은데요?"

 네 다소 지각이 많았습니다. 제가 그 당시에 늦잠을 많이 자다 보니 지각을 하는 횟수가 많았습니다. 지금 와서는 굉장히 부끄럽습니다. 그때 이후로는 지각을 하지 않기 위해 노력하여 좀 더 성실한 습관을 쌓고자 더 힘쓰게 되었습니다.

 "학과에서 공부하기에는 다소 학업능력이 부족해 보이는데요

 네 당시에는 공부에 흥미를 가지지 못해 다소 학업성적이 떨어졌습니다. 그때 공부를 열심히 했으면 좀 더 좋은 성적을 얻을 수 있는데 그러지 못해 아쉽습니다. 하지만 진로에 대한 방향을 결정하고 나서는 학업이 왜 중요한지 이해하게 되었고 좀 더 적극적으로 공부하고자 노력하게 되었습니다.

 "아까 이야기했던 개념은 잘못 설명한 것 같은데?"

 네 면접관 제가 잘못된 이야기를 한 것 같습니다. 죄송합니다. 좀 더 개념에 대해 철저하게 이해하고 답변 드렸어야 했는데 어설프게 답변 드린 것 같아 부끄럽습니다.
잘못된 개념에 대해서는 반듯이 집에 가서 정확히 숙지할 수 있도록 하겠습니다.

▐▌ 면접 답변을 하다 막혔을 경우 대화법 ▐▌

면접을 하다 보면 긴장되는 분위기 속에서 자신이 하고 싶은 말도 잊어버리거나 생각나지 않는 돌발적인 상황들이 벌어지곤 합니다. 그때를 대비해 침착하게 대응할 수 있는 답변 방법에 대해 알아보겠습니다.

▌ 모르는 질문일 경우

"면접관 제가 그 부분에 대해 숙지하지 못하여 답변 드리기 어려울 것 같습니다. 오늘 집에 돌아 가서 그 부분에 대해 반드시 공부하여 숙지하도록 하겠습니다."
(교과목 개념)

"면접관 긴장을 많이 하다 보니 지금 당장 생각나지 않습니다. 다음에 기회가 된다면 꼭 생각해서 답변드릴 수 있도록 하겠습니다." (생각, 의견)

▌ 답변을 하다가 막혔을 경우

"면접관 잠시 30초만 생각할 시간을 주시면 답변 드리겠습니다."
(갑자기 생각나지 않는 경우)

"면접관 제가 긴장을 하다 보니 답변을 하다 막힌 것 같습니다. 다시 처음부터 말씀드리겠습니다." (답변을 하다 막혔을 경우)

"면접관 제가 잘못 이야기를 한 것 같습니다. 처음부터 다시 정확한 내용으로 말씀드리겠습니다." (답변을 잘못했을 경우)

▌ 면접에서 답변의 반응은 2~3초 이후

면접 답변에 대한 예상 질문과 기출문제 등 열심히 준비한 지원자들을 보면 간혹 기계처럼 반응하는 경우를 많이 접하게 됩니다. 질문에 대해 정확하게 결론부터 근거 마무리까지 깔끔하게 답변하는 모습을 보면 정말 열심히 준비하고 노력했다는 모습 느껴질 정도입니다. 하지만 오히려 조금은 느리지만 진지한 표정으로 자신의 생각을 표현하는 지원자가 훨씬 더 호감을 가지게 되는 이유는 무엇일까요?

바로 진정성입니다. 진정성 있게 질문에 고민하고 생각한 답변을 할 때 진정성을 느끼곤 합니다. 가장 쉽게 진정성을 보일 수 있는 방법 중 하나는 면접관님이 질문한 사항에 대해 곧바로 반응하지 않는 것입니다.

연습을 많이 한 지원자의 경우에는 질문이 떨어지기도 전에 답변을 하게 되는 이러한 모습은 면접관님께 호감으로 비춰지기보다는 면접 학원에서 답변 연습해온 것만 열심히 이야기하는 지원자로서 인상을 줄 수밖에 없습니다. 즉 지원자는 좋은 답변을 하였지만, 면접관님에게 진정성이 있는 모습을 보여주지 않았기 때문에 좋은 평가를 받기에는 어렵습니다.

면접의 질문에 대해서는 2~3초 정도 생각을 하는 모습, 고민을 하는 모습을 보이며 질문에 대한 답변을 해보도록 하자.

▌답변의 길이는 최대 45초 이상 넘지 말자

면접의 시간은 어느 지원자에게나 공평하게 주어집니다. 제한된 시간 안에 면접관님은 다양한 질문을 통해 지원자를 검증해야 하는 자리이기도 합니다. 이러한 상황이기 때문에 질문에 대한 답변의 길이를 조율할 필요가 있습니다.

질문당 답변 길이는 30초~45초 이내의 기준으로 하는 것이 이상적이다. 그렇기 때문에 세부적이고 지엽적인 내용으로 답변내용을 채우기보단 핵심적인 키워드 중심으로 답변할 필요가 있습니다. 면접관님 기준에서 수많은 지원자의 이야기를 듣고 평가하기 때문에 질문에 의도에 벗어난 내용이 포함되면 면접관님의 초점이 흐려질 수 있습니다.

답변의 길이는 길어도 8문장도 이야기하면 30~45초 기준을 맞출 수 있습니다.

총 8문장 안에 핵심 키워드 중심으로 답변 내용을 구성해 보세요. 짧은 시간 안에 핵심만 말하는 연습을 할 수 있도록 연습해야 합니다. 혹시 구체적인 이야기를 하지 못했다고 걱정할 필요 없습니다. 면접관님이 이야기를 듣고 궁금한 점이나 세부적으로 듣고 싶은 내용이 있다면 해당 사항에 연관되는 꼬리 질문을 하게 되었습니다. 그때 말하지 못했던 세부적인 답변을 할 수 있도록 준비합시다.

▎자신감 있는 목소리와 표정이 중요

　면접의 답변 길이, 핵심적으로 이야기하는 방법, 설득력 있는 스토리텔링에 대해 완벽하게 구현하더라도 표정과 목소리에 자신감이 없다면 답변 내용에 대해서 면접관님이 진정성 있게 받아들이지 않습니다. 오히려 답변에 대해 거짓말을 하고 있다고 생각할 수 있기 때문입니다.

　면접의 내용과 모습 둘 중에 무엇이 더 중요합니까? 물어보는 학생들에게 해주는 말이 있습니다. 만약에 이성 친구가 사귀자고 이야기할 때 자신감 있게 고백하는 이성이 좋니? 아님 소극적인 자세로 고백하는 이성이 좋니? 라고 하면 자신감 있게 고백하는 이성을 선택한다고 말합니다. 이처럼 면접에서도 수많은 질문에 대해 답변을 내용을 충실한 것도 중요하지만 답변을 모습을 무시할 수 없습니다. 오히려 답변의 내용에 다소 부실할지라도 당당하고 자신감 있게 이야기하는 학생에게 훨씬 더 호감을 가질 수밖에 없습니다.

　"웃는 얼굴에 침 못 뱉는다는 말처럼 면접 답변을 할 때 확실한 이미지 연출이 필요하다."

　답변을 할 때는 자신감 있는 눈빛으로 면접관님을 바라보면서 힘차고 부드러운 목소리로 자신의 답변 내용에 확신을 줄 수 있도록 답변을 해야 합니다. 내용을 말할 때 얼버무리기보다는 명확하고 또박또박 표현할 수 있도록 여러 번 연습하는 것이 중요합니다.

　답변의 속도는 너무 느리지도 빠르지도 않게 일정한 스피드로 이야기하되 핵심적인 내용에 대해 천천히 큰 목소리로 강조하며, 부가적인 이야기에 대해서는 다소 빠른 스피드로 이야기를 하면서 답변 내용에 리듬감을 만들어보기 바랍니다.

❚ ~~했어요. 가 아니라 "했습니다." 로 끝맺기

면접은 나를 평가받는 자리이기 때문에 공식적인 예절을 지키는 것이 좋다. 면접에서 답변을 할 때는 좀 더 격식에 맞는 종결어를 활용하는 것이 좋습니다. 바로 "다"로 끝맺는 종결어 사용입니다. 면접에서 습관적으로 말끝의 어미가 했구요, 했는데요 라고 말하는 학생이 많은데 이러한 답변을 하는 것은 면접관 입장에서 다소 미숙하게 보일 수 있고, 너무 편하게 이야기하는 모습을 보여 줄 수 있기 때문에 면접의 모든 답변은 "다"로 끝낼 수 있도록 연습하는 것이 필요합니다. 물론 답변의 내용 속에서 자연스럽게 연결하기 위해서는 "요"자를 한두 번을 활용해도 좋지만 지나치지 않도록 주의해야 합니다. 맺음말은 정확하게 ~~하겠습니다. 생각합니다. "다"로 끝낼 수 있도록 연습하는 것이 바람직합니다.

▌긍정적인 질문과 부정적인 질문에 따라 목소리 크기, 톤을 조절

많은 면접 책에서 공통적으로 강조하는 것 중 하나가, 면접에서 반드시 자신감 있고 큰 목소리로 이야기하라고 말을 하곤 합니다. 확실히 학생들이 자신감 없이 주눅 들어 기어가는 목소리로 답변을 하는 경우가 많다 보니 면접관님 기준에서는 소극적으로 비춰질 수 있습니다. 그렇기 때문에 자신감 있고 큰 목소리로 이야기하라고 강조를 하게 됩니다.

하지만 무조건 큰 목소리를 해야 하는 건? NO

최근에도 면접 컨설팅을 하는데 어떤 질문이든지 자신감 있고 큰 목소리로 밝게 이야기하는 지원자를 본 경우가 있습니다. 학생의 모습과 답변 내용을 보면서 자신감과 긍정적인 인상을 느낄 수 있었지만, 자꾸 어색한 구석이 느껴집니다. 그건 바로 분명 부정적인 질문이나 잘못을 지적하는 질문임에도 불구하고 밝고 자신감 있는 목소리로 대응하고 있는 것입니다.

이처럼 밝고 자신감 있는 면접의 답변 태도는 중요하지만, 질문에 따라서 목소리의 톤과 표정을 조율해야 할 필요가 있습니다.

예를 들어 긍정적인 질문 : 자기소개, 지원동기, 학교를 입학하기 위해 준비한 노력을 물어봤을 때는 당연히 다소 밝은 표정과 확신 있는 모습으로 자신의 내용을 어필하는 것이 중요합니다.

반면에 부정적인 질문 : 성적이 낮네요?, 진로가 변경되었네요?, 활동이 부족해 보이는데?

이러한 경우라면 오히려 표정도 진지하게 고민하는 표정, 반성하는 표정을 지으면서 목소리의 톤도 중저음으로 반성의 의미나, 잘못의 의미, 부끄러움의 의미가 전달될 수 있도록 목소리의 톤을 다운시킬 필요가 있습니다.

▌비속어나 줄임말을 사용하지 않도록 주의하세요.

답변의 내용에 대해 듣고 있다면 흔치 않게 학생들 사용하는 줄임말을 들을 수 있습니다. 가장 흔하게 사용하는 어휘는 샘(표준어: 선생님), 걔가(표준어: 친구가), 달려서요... (표준어: 부족해서) 라는 표현을 무의식적으로 하는 경우가 있습니다. 면접상황에서 긴장되다 보니 자신을 통제하지 못하고 평소에 일반적으로 사용했던 어휘를 말하는 경우가 있습니다. 이러한 것을 방지하기 위해서는 평소에 자신의 답변 내용을 다시 한번 리뷰하면서 줄임말을 사용하는 경우가 없는지 체크해야 합니다.

▌말끝을 흐리면 면접 합격률이 흐려진다.

간혹 자신 있게 답변을 하다가 예상하지 못한 질문을 받게 되는 경우에 자신도 모르게 답변에 말끝을 흐리게 되는 경우가 발생합니다. 물론 누구나 그럴 수 있는 상황이라면 어쩔 수 없지만, 일반적인 답변에서도 간혹 자신이 확신을 가지고 답변을 하지 못하고 말끝을 습관적으로 흐리는 수험생들을 종종 만날 수 있습니다.

자신은 긴장이 되거나 다소 자신감이 없어서, 연습의 부족으로 말끝을 흐리게 되었다고 생각할지 몰라도, 면접관님 입장에서는 지원자가 하는 답변에 대한 진실성에 대해 의심을 할 수 있기 때문입니다.

따라서 연습했던 질문이든, 처음 받은 질문이든 말끝을 흐리지 말고 자신의 의사 표현을 명확하게 가져가 줄 수 있도록 연습해야 합니다.

▌아 어 음 ...등의 반복을 최대한 줄이자.

간혹 질문에 대한 생각이 나지 않거나 답변의 내용에 대해 기억나지 않을 때 습관적으로 아, 어 음을 하는 경우가 있습니다. 물론 현실적으로 저자도 학생의 입장으로서 면접을 보게 될 때 모르는 질문이나 생각이 나지 않을 경우 이런 표현을 할 수 있다고 생각합니다. 그만큼 어려운 부분이기도 하지만, 최대한 줄일 수 있도록 노력해야 할 필요가 있습니다.

우선 이러한 습관적인 표현이 지속된다면 진실된 느낌을 주기보다는 오히려 심리적으로 거짓말을 하거나 내용을 꾸미려고 하는지에 대한 신뢰성에 의심을 받을 수 있습니다. 또한 답변의 내용이 논리적이지 않고 정돈되지 않는 느낌을 주기 때문에 설득력 측면에서 훨씬 떨어지게 됩니다. 그리고 빙 둘러서 이야기하는 느낌을 주기 때문에 답변 내용 자체도 답답하게 들릴 수 있습니다.

여러 번의 연습을 통해 습관적으로 나오는 아, 어, 음에 대해서 줄일 수 있지만 가장 쉽게 적용할 수 있는 것은 바로 숨 참기입니다. 아, 어, 음의 경우 보통 자신이 알지 못하는 내용에 대해 습관적으로 표출됩니다. 이제부터는 모르는 질문에 대해서는 미리 면접관에게 "잠시 생각할 시간을 주시겠습니까"라고 양해를 구한 뒤, 입을 꾹 다물고 생각하는 연습을 해봅시다. 말을 하다가 기억이 안 나는 경우에도 잠시 중단을 하고 생각이 나게 되면 이야기를 해보는 연습을 해봅시다. 의도적으로 말을 잠시 중단하면 오히려 상대방이 자신의 이야기에 더 호기심을 가지고 관심을 가지게 되는 효과도 얻을 수 있는 이점도 있습니다. 다만 너무 반복적으로 말이 중단되거나 습관적으로 모든 질문에 침묵이 반복되는 것도 해당 질문에 대해 진지한 고민 없이 왔다는 인상을 줄 수 있기 때문에 주의하도록 합시다.

▌ 단답형으로 이야기하지 않도록 주의한다.

간혹 답변 준비를 하지 않거나 생각이 나지 않아서 질문에 대해 단답형으로 하는 학생들이 있습니다.

"우리 학교에 관심을 많이 가지고 있었어요?"

"네, 가지고 있었습니다." … (침묵)

보통 면접이라는 낯선 환경과 심리적인 위축으로 인해 질문에 대한 답을 빨리 말하고 이 상황을 벗어나려는 심리적인 요인으로 인해 단답형을 하는 경우가 많습니다.

다만 이러한 단답형의 방식은 면접관님 입장에서 수험생이 답변하기 싫은 모습으로 비춰질 수 있기 때문에 주의해야 합니다. 물론 답변의 내용이 적음으로 인해 답변 내용에 평가도 당연히 어려워집니다. 따라서 면접에서 모든 질문은 단답형으로 하기보단 주장, 근거, 결과 최소 4~5문장의 내용으로 답변 내용을 표현할 수 있어야 합니다.

"우리 학교에 관심을 많이 가지고 있었어요?"

"네, 가지고 있었습니다. 평소에도 1주일에 한 번씩 학교 홈페이지를 방문하여 학교의 특별한 프로그램과 행사 소식지를 접하면서 대학교 생활을 상상하는 것을 좋아했습니다. 실제로 학교에서 준비해주신 모의 면접도 체험해 보며 이 학교를 지원하기 위한 면접 노력도 열심히 준비해 볼 수 있습니다."

이렇게 답변을 함으로써 면접 답변의 평가뿐만 아니라 자신이 해당 질문에 대한 열의와 적극성을 면접관님에 전달할 수 있습니다.

▌목소리, 발음에 대해 부족하다면 별도로 교육

아무래도 요즘 학생들은 메신저 위주의 대화를 많이 하다 보니 긴장된 상황에서 자신의 적극적인 의사 표현이 어려운 경우가 발생하곤 합니다. 특히나 고등학교까지 오면서 한 번도 자신의 목소리나 발음에 대해 별도로 문제점이 있다고 조언을 받아본 경험이 극히 드물 것입니다. 그렇다 보니 나는 정상이라고 생각하였지만, 발음의 문제, 목소리 크기를 조절하는 능력이 떨어져 있는 경우가 있습니다.

아무래도 요즘 학생들은 메신저 위주의 대화를 많이 하다 보니 긴장된 상황에서 자신의 적극적인 의사 표현이 어려운 경우가 발생하곤 합니다. 특히나 고등학교까지 오면서 한 번도 자신의 목소리나 발음에 대해 별도로 문제점이 있다고 조언을 받아본 경험이 극히 드물 것입니다. 그렇다 보니 나는 정상이라고 생각하였지만, 발음의 문제, 목소리 크기를 조절하는 능력이 떨어져 있는 경우가 있습니다.

면접 컨설팅을 하면서 면접 컨설팅하기 전에 전문 스피치 교육부터 받아야 할 학생들이 10명 중 1명 정도는 보이곤 합니다. 이러한 학생은 답변의 내용 구상하는 것보다 발음에 따라 입 모양을 벌리는 연습, 명확한 발음을 위한 자음 모음 연습, 목소리의 크기를 향상하기 위한 발성 연습 등의 스피치 교육이 시급합니다. 필자는 이러한 학생은 솔직하게 면접 컨설팅보다 면접 스피치 교육을 더 받았으면 좋겠다고 조언하곤 합니다. 전문적인 스피치 교육을 받으면 몇 년 동안의 습관을 바로 교정하진 못하지만 보통 수준으로는 단시간 내에 끌어 올릴 수 있기 때문입니다.

물론 모두가 스피치 교육이 필요한 것은 아닙니다. 정말 심각하게 목소리 크기가 커지지 않는 경우, 너무나도 발음이 불명확한 경우, 다른 사람 앞에서 말만 하면 목소리가 기어 들어가는 경우는 면접보기 4~5개월 전에 면접 스피치에 대한 점검을 받아 보길 권합니다. 면접을 보러 가기 임박했을 때 면접 스피치 교육을 받는 것은 커다란 효과를 보지 못합니다. 최소한 1개월 정도 지속적인 연습과 훈련을 받아서 자신감 있고 밝은 목소리로 면접을 볼 수 있도록 미리미리 준비하도록 해야 합니다. 면접 컨설팅을 하면서 면접 컨설팅하기 전에 전문 스피치 교육부터 받아야 할 학생들이 10명 중 1명 정도는 보이곤 합니다. 이러한 학생은 답변의 내용 구상하는 것보다 발음에 따라 입 모양을 벌리는 연습, 명확한 발음을 위한 자음 모음 연습, 목소리의 크기를 향상하기 위한 발성 연습 등의 스피치 교육이 시급합니다. 필자는 이러한 학생은 솔직하게 면접 컨설팅보다 면접 스피치 교육을 더 받았으면 좋겠다고 조언하곤 합니다. 전문적인 스피치 교육을 받으면 몇 년 동안의 습관을 바로 교정하진 못하지만 보통 수준으로는 단시간 내에 끌어 올릴 수 있기 때문입니다.

물론 모두가 스피치 교육이 필요한 것은 아닙니다. 정말 심각하게 목소리 크기가 커지지 않는 경우, 너무나도 발음이 불명확한 경우, 다른 사람 앞에서 말만 하면 목소리가 기어 들어가는 경우는 면접보기 4~5개월 전에 면접 스피치에 대한 점검을 받아 보길 권합니다. 면접을 보러 가기 임박했을 때 면접 스피치 교육을 받는 것은 커다란 효과를 보지 못합니다. 최소한 1개월 정도 지속적인 연습과 훈련을 받아서 자신감 있고 밝은 목소리로 면접을 볼 수 있도록 미리미리 준비하도록 해야 합니다.

✍ 4단계 : 면접 이미지 트레이닝_태도, 모습

사람은 말하기 전에 상대방의 전체적인 모습과 얼굴에 나타난 표정으로 상대방이 무엇을 원하는지 파악할 수 있는 능력이 있습니다. 특히 얼굴에서 표정은 상대방에 눈에 가장 잘 띄는 부분이고 자신의 감정의 창이 됩니다. 이처럼 면접관님은 지원자의 표정을 보면 어떤 기분으로 이 자리에 있는 것인지, 어떤 마음을 가지고 있는지 판단하기도 합니다. 이렇게 면접관님에게 지원자의 첫인상은 보통 2~3초 이내에 결정되고 면접의 전 과정에도 첫인상이 직간접적으로 평가에 영향을 미치게 됩니다.

최근에 취업 시장에는 AI 면접이라는 도구가 활용되는데 컴퓨터가 얼굴 근육의 68개를 포착하여 표정에 따른 근육 움직임과 혈류량 눈동자의 움직임 등 종합적으로 판단하는 것에 대비해 더욱더 표정의 자연스러운 모습 연출이 요구되고 있습니다. 이처럼 우리 수험생들도 면접관님 앞에서 호감 있는 태도나 모습을 대비를 필수적으로 준비하고 면접에 임해야 합니다.

대입 면접에서 가장 기본적인 태도는 밝은 표정, 큰 목소리, 아이컨택 이 3가지만 지키자.

면접의 이미지 메이킹에 대해 많고 세부적인 내용보다 꼭 해야 할 것들만 심플하게 소개한다면 밝은 표정, 큰 목소리, 아이컨택이라고 생각합니다. 이 3가지만 잘해도 면접의 태도, 모습은 100점만 점에 70점 이상은 받을 수 있다고 생각합니다. 이 3가지를 대표적으로만 지켜도 면접에서 좋은 이미지를 줄 수 있다고 생각하는데 이 3가지가 잘 되지 않습니다. 면접 상황이 긴장되고, 질문에 대한 답변을 생각하느라 표정은 굳어지고, 자신감이 줄어들다 보니 목소리도 확신 없이 줄어들게 마련이다. 그리고 생각과 자신감이 없어지다 보니 자꾸 눈을 마주치는 것에 대해 피하고 싶은 반응이 점차 커지게 됩니다. 정말 간단한 요소이지만 여러 상황의 복잡함 때문에 잘 지켜지지 않습니다.

자 그렇다면 이 기본적인 태도 3가지를 잘 연출하기 위해 연습해야 할 부분은 무엇일까요? 바로 면접상황에 대한 분위기 적응이 필요하고, 예상되는 질문에 대한 답변 연습이 필요합니다. 이 2가지를 반복적으로 연습하고 나면 "여유"가 생깁니다. 여기서 말하는 여유란 밝은 미소에 대해 생각할 수 있는, 큰 목소리를 해야 한다는, 상대방의 눈을 마주칠 수 있는 마음에 여유가 생깁니다. 이때부터는 의식적으로 신경을 쓰며 면접에서 요구되는 태도에 대해 연습을 진행해 나갈 수 있습니다.

면접 컨설팅 현장에서 느낀 점은 태도에 대한 연출을 강조하면 답변이 엉키게 되고, 답변을 신경 쓰면 면접의 태도가 흐트러진다는 것입니다. 이 중에서 답변에 대한 연습을 충분히 익히고 나서 태도에 대해 연습을 한다면 좀 더 자연스럽게 익힐 수 있다는 점을 추천하고 싶습니다.

제스처 부분에 대해서도 연습이 필요합니다. 답변을 하다 보면 자연스러운 제스처를 하는 것이 오히려 답변을 이끌어내는 데 생각보다 큰 도움이 됩니다. 다만 너무 큰 동작의 제스처 말고, 자신의 상체의 범위에 벗어나지 않도록 주의하길 바랍니다. 너무 큰 동작은 내용이 과장되어 보이고, 진실성이 없어 보일 수 있기 때문입니다. 또한 답변마다 반복적인 제스처는 면접관님 입장에서 집중력이 흐트러질 수 있기 때문에 자신의 상체라는 범주 안에서 제스처를 연습하는 것이 좋습니다.

나머지 면접에서 지켜야 할 주요 태도, 모습에 대해서는 다음의 체크리스트를 꼼꼼하게 확인해가며 교정해 볼 수 있도록 합시다. 가장 좋은 면접의 태도, 모습은 여러분들의 답변 내용과 밝은 표정과 자신감 넘치는 목소리, 열정적인 눈빛이 어우러질 때 가장 최고의 이미지라는 것을 잊지 말아야 합니다.

요소	내 용
입	밝은 표정을 내기 위해서는 입꼬리가 살짝 올라가 있는 상태를 유지해야 한다. 평소에 웃는 연습을 하면서 입꼬리의 근육이 자연스럽게 올라갈 수 있도록 연습해야 한다.
눈	밝은 표정을 연출하기 위해서는 눈꼬리도 살짝 위쪽으로 올라가야 한다. 입만 웃고 있고 눈은 그대로 있다면 호감 있는 표정 연출이 되지 않는다. 부드럽고 밝은 표정을 만들기 위해서는 입과 눈 동시에 올라갈 수 있도록 연습하자.
시각	면접의 대기를 할 때는 나의 반대에 있는 면접관님에게 아이컨텍 하면 되고 면접의 질문을 받았을 때는 질문한 면접관님을 바라보면 된다. 면접관님이 여러 명일 경우에는 질문한 면접관님을 주로 바라보면서 고개를 심하게 돌리지 않는 선에서 주위에 면접관님과 살짝 아이컨텍 하도록 하자.
손	손은 앉은 자세에서 남자의 경우 무릎 위에 주먹을 살짝 쥔 자세로 위치하면 되고 여성일 경우 두 손을 모아 무릎 위에 가지런히 위치시키면 된다.
목	답변을 할 때 대기를 할 때는 목을 이리저리 움직이지 않도록 한다. 면접관님이 물어보는 질문에 대해 잘 듣고 있다는 모습을 보이기 위해 살짝살짝 끄덕이는 정도만 연출하면 된다. 면접의 답변을 할 때 의식적으로 목을 살짝 앞으로 당겨서 이야기하면 지원자의 답변 적극성을 연출할 수 있다.
허리	앉은 자세에서 허리는 등받이에 대지 말고 의자 받침대와 허리 사이 주먹 하나 들어갈 정도로 간격을 띄운 자세를 유지한다.
발	앉은 자세에서 발은 남의 경우 어깨너비만큼 벌어진 상태에서 11자를 유지하고 여성의 경우 발은 가지런히 모으고 있는 것이 좋다.
몸	몸은 앉은 자세에서 정자세를 유지하면서 최대한 움직이지 않도록 유지한다.

🎓 **면접에서 주의해야 할 태도**(아래의 태도가 나오지 않도록 주의해주세요)

• 거짓말을 나타내는 행동

  답변을 할 때마다 눈 돌아감, 시선회피, 산만 한 몸 움직임, 코 만지기, 머리 만지기

• 긴장할 때 나타나는 행동

  다리를 떤다, 머리를 만진다. 어깨가 움 추린다.

• 답변 생각이 잘 나지 않을 때

  한숨을 쉬거나, 머리를 만진다, 천장을 보거나 땅을 본다.

③ 셀프 면접 준비 트레이닝

✏️ 자세교정 : 스마트폰 촬영

예전에 스마트폰이 대중화되기 이전에는 자신의 면접 모습을 확인받기 위해 스피치 교육기관에 가서 캠코더로 자신의 모습을 촬영하고 이미지나 말하는 모습에 대해 피드백 받았던 시절이 있습니다. 하지만 요즘은 스마트폰을 활용하여 자신의 모습을 촬영하고 잘못된 점을 바로 고칠 수 있는 기회가 있습니다. 하지만 대부분의 학생들이 자신의 촬영된 모습을 보기 부끄럽다는 이유로 집에서 잘 하지 않는데 꼭 셀프 촬영을 해보길 추천합니다.

혼자 방에서 스마트폰으로 자신의 모습을 촬영하는 것은 다소 어색할 수 있습니다. 이러한 경우라면 스터디를 추천합니다. 최소한 2인 이상 모여서 친구의 면접 영상도 촬영해 주고 면접관의 입장이 되어 질문도 던져주면서 도움을 받는 것입니다. 친구와 함께라면 혼자서 촬영하는 것보단 덜 쑥스럽고 익숙해질 수 있는 시간을 벌 수 있기 때문에 도움이 됩니다. 같이 하나의 목적을 이루기 위해 노력하다 보면 서로서로 동기부여도 될 수 있다고 생각합니다.

촬영을 통해 확인해야 하는 것은 면접 때 아이컨텍과 밝은 표정 자신감 있는 목소리로 말하고 있는지에 대한 점검을 우선해야 합니다. 그리고 다리를 떤다거나, 자세가 굽었거나, 자신도 모르게 습관처럼 한숨을 쉬는 등의 모습을 체크하여 교정할 수 있도록 해야 합니다. 자신은 부드럽게 밝게 면접관님을 바라보면서 면접의 대화를 이끌어 간다고 생각할지라도 친구를 통해 또는 영상을 보며 자신의 부족한 점이 객관적으로 파악될 수 있습니다. 반복적으로 촬영과 피드백 교정을 통해 자신의 잘못된 점을 바로 잡을 수 있도록 노력해 봅시다. 최근에는 많은 학교에서 수시 면접을 위해 교육과 모의 면접을 진행하고 있고, 대학교에서 학생들을 위해 모의 면접을 진행하고 있으니 적극적으로 활용해보는 것도 좋은 방법입니다.

✍️ 답변 연습 : 답변 노트 만들기

"선생님 어떻게 하면 논리적으로 잘 답변할 수 있을까요?"

"질문하면 당황해서 잘 이야기를 못 해요, 또는 생각이 잘나지 않아요!"

"면접 질문에 따라 답변 정리 하였니?"

"네? 아직 하지 못했는데요, 곧 해야죠!"

면접 질문에 대한 답변을 체계적으로 정리하지 않는 수험생이 가장 빈번하게 물어보는 질문입니다. 논리적으로 답변하는 방법에 대해 가장 궁금하지만 그러한 비법은 특별히 없습니다. 다만 자신의 답변 내용을 논리적으로 정리해 놓고, 답변 연습을 하면 논리적으로 이야기를 할 수 있는 것입니다.

물론 10명 중 1명은 면접 답변 노트 없이도 논리적으로 말하는 친구들을 간혹 보곤 합니다. 하지만 이 학생들도 당황한 질문이나 예상치 못한 질문을 할 때는 답변하기 주저하는 모습을 종종 보입니다. 이렇게 이야기를 잘하는 학생들도 예상치 못한 질문에 대해 답변을 잘하지 못하는데, 평상시에 면접에서 추구하는 논리적인 답변 구조로 이야기하는 습관이 없었는데 한 번에 잘하는 방법을 기대하는 것은 다소 무리가 따릅니다.

고등학교 3년 동안 고등학교 과정에 대한 국어, 수학, 영어 공부를 꾸준히 공들여 준비한 것처럼 마지막 대학의 관문인 면접 준비도 3년 동안 준비한 노력이 아깝지 않도록 꾸준하게 1달 이상 답변 연습을 해야 한다고 생각합니다. 3년 동안 준비하였는데 질문에 대해 즉흥적으로 대응하고 좋지 않은 결과를 얻게 된다면 얼마나 안타까운 일인지 생각해보기 바랍니다.

🎓 **면접 답변 노트 만드는 법**

1. 예상 및 기출문제를 준비한다.
2. 질문에 대한 내용을 구상해 본다.
3. 답변 구상이 끝났다면 핵심키워드를 추출해 본다.
4. 답변의 서론, 본론, 결론에 해당하는 핵심키워드를 배치한다.
5. 핵심 키워드 중심으로 답변 연습을 지속적으로 연습한다.

답변 노트에 제작에 어려운 점이라고 하면 "핵심키워드" 추출입니다. 대부분의 학생들이 답변 내용에 대해 머릿속으로 생각하다 보면 금방 집중력을 잃어버리곤 합니다. 이러한 경우에는 질문에 대한 핵심키워드 위주로 답변 스크립트를 작성해 보는 것이 도움이 됩니다. 자신의 할 말을 글로 작성하다 보면 훨씬 더 정리도 잘 되고 생각한 내용에 대해 잊어버리지 않고 꼼꼼하게 기록할 수 있는 이점이 있습니다. 이러한 스크립트를 만들고 나서 보면 핵심키워드가 보일 것입니다.

핵심키워드는 해당 답변 내용에 가장 중심이 되는 키워드라고 생각하면 됩니다. 해당 키워드만 떠올리면 자연스럽게 다른 문장도 생각나게 되는 것입니다.

예) 중학교 시절 부모님과 함께 일본 여행을 준비하면서 일본어 공부를 준비했던 경험이 있었습니다.

이 문장에서 핵심 키워드는 "일본 여행"입니다. 일본 여행만을 기억하면 중학교, 일본어 공부, 부모님이 자동적으로 연상될 것입니다. 이렇게 자신이 잘 떠올릴 수 있을 만한 핵심키워드를 기반으로 답변의 서론에 1개, 본론에 2~3개, 결론에 1개 정도 구상한 다음 키워드를 보면서 답변 연습을 지속적으로 하는 것입니다.

답변 노트의 이점 중 하나는 문장을 통째로 암기하여 답변을 연습하는 것보다 훨씬 더 답변을 자연스럽게 이끌어 갈 수 있는 이점이 있고, 암기에 대한 부담감도 덜 수 있고 훨씬 더 효과적으로 많은 내용을 숙지할 수 있는 강점이 있습니다.

어설프게 모든 문장의 내용을 암기하는 것보다는 핵심키워드 중심으로 자연스럽게 문장을 구상하면서, 논리적으로 설득시킬 수 있다는 점입니다.

답변 노트를 바탕으로 연습을 하면서 답변 내용에 대해 피드백 받은 사항이나 잘 답변하지 못하는 내용에 대해 변경하거나 수정하는 등 답변의 오답 노트처럼 활용될 수 있기 때문에 면접 실력을 향상시키는 데 가장 좋은 방법이라고 생각합니다.

PART 5

기출문제로 보는
면접 질문과 답변

면접 컨설턴트가 알려주는 면접 합격 노하우

🔔 ① **학생부종합전형의 최애 질문 유형은 반드시 준비하셔야 합니다.**

　이번 장에서는 학생부종합전형의 질문 유형을 한눈에 파악하기 쉽게 정리해 보았습니다. 전체적인 면접 질문 준비를 한 번에 파악할 수 있도록 준비해 놓았으니 하나하나 살펴보면서 철저한 면접 준비해 보시기 바랍니다.

🎓 **꼭 한번은 나오는 학생부종합전형 면접 최애질문 BEST**

1. 간단한 자기소개 부탁드립니다.
2. 우리학교에는 왜 지원하셨나요?
3. 우리 학과에 왜 지원하셨나요?
4. 우리 학과에 오기 위해 노력했던 점은 무엇인가요?
5. 우리 학과에서 배우고 싶은 과목은 무엇인가요?
6. 우리 학과에 학업계획에 대해 이야기해주세요.
7. 공부 말고 학교에서 꼭 해보고 싶은 것이 있나요?
8. 앞으로의 진로계획에 대해 말해주세요.
9. 학교생활에서 힘들었던 경험이 있나요?
10. 친구들과 갈등을 경험했던 일이 있나요?
11. 존경하는 사람은 누구인가요?
12. 가장 기억에 남는 책은 무엇이 있나요?

🎓 꼭 한번은 나오는 자기소개서 최애질문 BEST

1번 문항
기록되어 있는 공부법을 바탕으로 후속적으로 공부해 본 과목이 있나요?
어떤 계기로 해당 공부법을 사용하게 되었나요?

2번 문항
동아리 경험을 통해 어려웠던 점은 무엇이 있나요? 어떻게 극복했나요?
동아리 경험을 통해 후속적으로 노력했던 경험이 있나요?

3번 문항
이러한 경험 이후 후속적으로 노력했던 경험이 있나요?
앞으로 이러한 태도를 학교생활에 어떻게 활용할 것인가요?

🎓 꼭 한번은 나오는 학교생활기록부 최애질문 BEST

1. 무단결석, 장기간 병가가 있는 경우 어떤 일이 있었나요?
2. 교내수상 사항에 우수상 2회 이상에 대해 어떻게 받게 되었나요?
3. 봉사상 2회 이상에 대해 어떻게 받게 되었나요?
4. 학과에 관련된 자격증이 있는데 왜 준비했고, 어떻게 노력하였나요?
5. 진로 사항이 변경되어 있는데 왜 변경하게 되었나요?
6. 학교 임원 경험이 있는데 어떻게 임원이 되었나요?
7. 전공과 관련된 OO동아리는 꾸준히 하게 되었는데 무엇을 배우게 되었나요?
8. 전공과 관련된 세부능력 특기사항에 OO에 대한 활동에 대해 설명해 주세요.
9. 전공과 관련된 도서가 있는데 핵심주제와 기억나는 내용은 무엇인가요?
10. 학교생활에서 가장 기억에 남는 경험은 무엇이 있나요?

🎓 **꼭 한번은 나오는 기타 최애질문 BEST**

1. 가장 좋았던 선생님이 있었나요?

2. 자신의 학교에 대해 설명해 보세요(교훈, 이념, 교과, 특별프로그램)

3. 대학교에서 팀 과제 중 협조하지 않는 친구가 있다면 어떻게 할 것인가요?

4. 대학교 방학 기간에 무엇을 해보고 싶은가요?

5. 우리 학교 첫인상은 어떤가요?

6. 학교에서 실패를 경험했던 일이 있나요?

7. 앞으로 어떤 친구들과 어울리고 싶나요?

2 꼬리 질문에 대응할 수 있어야 합격 가능성이 높아집니다.

> 🎓 **실제 면접장 꼬리 질문 재구성**
>
> 1. 자율동아리에서 **프로그램**을 만들었다고 했는데 어떻게 만들었나요?
>   - 프로그램 언어에 어떤 부분을 활용하였나요?
>   - 프로그램을 다루는 데 어려운 점은 없었나요?
>   - 그럼 부족한 부분에 대해 보완하기 위해 어떤 노력을 하였나요?
>   - 앞으로 어떤 프로그래머가 되고 싶나요?
>
> 2. 현재 스마트폰 용량은 어느 정도 되나요?
>   - 1바이트는 몇 비트로 구성되어 있는지 아나요?
>   - 1바이트는 얼마나 많은 정보를 저장할 수 있나요?
>
> 3. 환경 동아리에서 가장 기억에 남는 경험은 무엇인가요?
>   - 오염도를 측정했다고 하는데 무엇이 가장 힘들었나요?
>   - 어떤 실험기구를 다루었나요?
>   - 다시 실험을 한다면 보완하고 싶은 점은 무엇인가요?

위 사례는 실제 면접장에서 대표적인 꼬리 질문의 형태를 재구성한 내용입니다. 이처럼 요즘에는 독립적인 질문의 형태에서 한 가지에 내용에 대해 구체적으로 탐색하는 질문을 하는 경우가 증가하고 있습니다. 여러 가지 질문을 통해 전반적인 내용을 확인하는 면접보다 한 가지에 대해서 세부적인 질문을 통해 해당 경험 사실 확인과 진정성 있는 활동 경험을 하였는지 물어보는 경향이 증가하고 있습니다. 학생들의 입장에서 보면 더욱더 철저하게 과거 내용을 탐색하고, 세부적인 사실에 대해 준비해야 할 필요성이 요구되고 있습니다.

먼저 이러한 꼬리 질문에 대비하기 위해서는 꼬리 질문의 패턴에 대해 이해가 필요합니다. 이러한 꼬리 질문은 대략 6가지 패턴으로 이루어져 있습니다.

대표적인 꼬리 질문 6가지 패턴	
1. 이유	해당 경험에 참여 이유와 동기를 물어보는 질문 예시) 왜 이렇게 생각하였나요?, 왜 참여하게 되었나요?
2. 무엇	사실을 확인, 정의나 개념을 물어보는 질문 예시) 00개념에 대해 설명해 보세요, 00동아리 이름 의미가 무엇인가요?
3. 어떻게	구체적인 활동과정을 확인하기 위한 질문 예시) 구체적인 활동 내용에 대해 말해보세요 어떻게 ~~한 점에 문제를 해결하였나요?
4. 배운점	해당 경험에서 배운 점, 느낀 점을 알기 위한 질문 예시) ~한 경험에서 배운 점은 무엇인가요?
5. 어려운점	활동 과정 중에 어려웠던 점에 대한 극복 과정을 확인하는 질문 예시) ~~활동 과정에서 어려웠던 점은 없었나요? 극복은?
6. 보완/후속노력	관련된 경험을 이후 후속적으로 활동이 있었는지 검증하는 질문 예시) ~한 경험에 대한 부족한 점은 어떻게 보완하였나요? ~한 경험에서 배운 점을 바탕으로 후속적으로 한 활동은 없었나요?

위 6가지 패턴을 기준으로 자기소개서, 학교생활기록부에 대표적으로 나올 수 있는 질문들에 대해 꼬리 질문에 대해 대비해 봅시다.

예를 들어 영어영문학과 지원 학생의 수상 경력 사항에 영어발표회에 수상 경험이 있다고 생각해 봅시다.

영어 발표회 수상 꼬리 질문 6가지 패턴	
1. 이유	왜 영어 발표회에 참여하게 되었나요?
2. 무엇	영어 발표회에 어떤 발표를 하게 되었나요? 내용에 대해 설명해 보세요.
3. 어떻게	영어 발표회에 어떤 발표를 하게 되었나요? 내용에 대해 설명해 보세요.
4. 배운점	영어 발표회에 어떤 발표를 하게 되었나요? 내용에 대해 설명해 보세요.
5. 어려운점	발표회 준비과정에서 어려웠던 점은 없었나요?
6. 보완/후속노력	발표회 수상 이후 추가적으로 노력했던 점은 없었나요?

위와 같은 표를 만들어서 한가지의 경험에 대한 꼬리 질문 패턴을 만들어보고 관련된 내용에 대한 답변 내용을 구상해 보며 후속 질문에 대한 철저한 대비를 하셨으면 좋겠습니다.

③ 겸손함도 지나치면 독이 됩니다. 자신을 평가절하시키지 마세요.

"꼭 가고 싶습니다."

"입학만 한다면 열심히 공부하겠습니다."

"저의 부족한 점은 대학교 공부를 통해 보완하면 잘할 수 있을 것입니다."

정말 마지막 기회라고 생각하면서 자신의 절실한 메시지를 면접관님에게 표현하지만, 정작 여러분들을 평가하는 면접관님은 오히려 지원자의 절박함을 바라보기보단 동정을 구하는 학생으로 바라볼 가능성이 큽니다.

아주 예전에는 젊은 패기와 열심히 하겠다는 내용에 대해 좋게 평가했던 것은 사실이나 시간이 지나고, 많은 지원자들이 흔하게 이야기하는 답변 중 하나가 되다 보니 면접관님의 마음을 흔들 수 있는 내용이 되지 않습니다. 이제는 이러한 표현이 자신의 부족한 면이 많다는 것과 단점이 많은 학생으로 생각하게 될 수 있는 가능성이 커집니다. 이러한 동정의 표현보다는 아래의 예시처럼 자신의 강점을 좀 더 PR 할 수 있는 내용을 구상해 보면 좋겠습니다.

"꼭 가고 싶습니다."

"저는 ~~대학교에 00한 프로그램 참여도 해 보았고, 관련된 학과에 ~~~~ 노력도 하였습니다. 그래서 ~~대학교에서 잘 적응할 수 있습니다."

"입학만 한다면 열심히 공부하겠습니다."

입학을 위해서 ~~~한 과목과 ~~한 도서 내용도 살펴보면서 열심히 노력 해왔습니다. 앞으로 학과에서 ~~~한 노력을 하며 열심히 학습하겠습니다.

"저의 부족한 점은 대학교 공부를 통해 보완하면 잘할 수 있을 것입니다."

"저의 부족한 점에 대해서는 대학교 입학 전에 ~~~한 계획을 수립하여 ~~ 한 점에 대해 공부하여 학과 과목에 대한 이해를 할 수 있도록 보완해 오겠습니다.

위 내용처럼 기존에 소극적인 동기나 들어가면 열심히 하겠다는 내용보다는 적극적인 노력과 자신의 강점에 대해 PR할 수 있도록 답변하는 것이 오히려 면접관님의 마음을 돌릴 수 있다고 생각합니다. 특히 부족한 면에 대해서는 나중에 하겠다는 답변보다는 지금부터라도 노력해서 보완해 오겠다는 적극적인 노력이 담긴 답변을 하는 것을 추천해 드립니다.

🔔 4 준비된 답변, 준비된 질문에만 활용하는 건 하수입니다.

면접이라는 전형은 아무리 기출문제, 예상 문제를 철저하게 준비하더라도 모르는 질문이 나올 수 있습니다. 그건 면접을 진행하는 면접위원의 마음에 따라 달라지기 때문입니다. 면접은 사람이 진행하는 절차이다 보니 면접관님의 주관적인 생각과 그날의 마음에 따라 질문의 방향이 수시로 변경될 수도 있습니다.

학생부종합전형 면접의 대부분은 미리 학생의 자료를 토대로 물어봐야 할 질문들에 대해 정해진 상태에서 진행되지만, 꼬리 질문이나 답변내용에 대한 추가 질문이 이어지는 경우에는 예상치 못한 질문을 받을 수 있습니다.

이러한 추가 질문에 대해 책임은 우리 학생들에게도 있습니다. 면접의 꼬리 질문 대부분 학생들의 답변내용에 기반하여 추가적인 질문을 만들어내는 경우가 많습니다. 만약 자신이 거짓말을 한 답변을 하게 된다면 그 이후 추가 질문에 대해 대응하지 못할 가능성이 높아질 수 있습니다.

이렇게 면접에는 자신의 답변내용과 면접관님의 주관적인 판단으로 예상하지 못한 질문을 만나게 될 수 있고, 준비했던 답변에 대해 생각나지 않아 당황해할 가능성도 있습니다. 이러한 경우를 대비하기 위해서 늘 플랜 B를 준비해 보는 것이 좋습니다.

답변 준비를 했는데 생각나지 않는 경우

Q : 우리 학과에 오기 위해 노력한 점은 무엇이었나요?

만약 학과에 가기 위해 노력한 점을 OO동아리 활동을 준비했는데 생각이 나지 않는다면 다양한 경험을 중 하나를 생각해 보는 것입니다. 학교에서 배운 과목, 수상경력, 자격증, 도서 활동, 진로체험 등 이 중에서 연습했던 답변을 활용해 보는 것입니다.

유사한 질문에 대한 답변은 할 수 있는 경우

Q : A 동아리 경험이 있는데 구체적인 활동 내용 말해주세요

만약 B 동아리 경험만 당장 생각이 안 난다면 면접관님에게 B에 대한 동아리에 대해 답변을 해도 좋을지 여쭈어보는 것입니다.

"면접관님 제가 A 동아리에 대해서는 크게 인상 깊은 활동은 하지 않아 기억나는 점은 별로 없습니다. B 동아리 활동은 제가 좀 더 많은 활동을 하며 참여하였는데 답변 드려도 되겠습니까?"

위 예시처럼 여러 가지 기출문제와 예상 질문을 바탕으로 연습했던 답변에 대해 활용할 수 있는 점은 무엇이 있는지, 살펴본 후 면접의 질문에 유기적인 대응 하도록 준비해 보면 좋겠습니다.

🔔5️⃣ 학생부종합전형 면접의 불편한 진실

학생부종합전형 면접은 서류 평가에서 2~5배수 정도 통과한 대상자로 주로 이루어집니다. 이렇게 선발된 학생은 면접 평가를 보게 됩니다. 면접에서 자신의 실력을 100%의 보여주고, 질문에 대한 답변도 완벽했다면 100% 합격인가요? 정답은 NO입니다.

학교마다 지원 전형의 합산과 평가 기준이 다르다는 점에서 변수는 발생할 수 있지만, 대부분의 학교에서 최종 합격을 시키는 데 있어 절대적인 기준을 가지고 있는 것은 바로 서류 점수가 가장 큰 비중을 차지합니다. 서류의 점수가 이미 결정되어 있는 부분이 있다 보니 면접을 통해 서류의 부족한 점까지 다 커버하기에는 사실상 어려운 점이 있습니다.

많은 입시전문가들이 공통적으로 말하기를 면접 평가의 실질 비율이 30% 미만이라고 하면 면접 결과로 서류에 점수까지 뒤집기는 어렵다고 관측하는 경우가 많습니다. 반면 40% 정도가 된다면 면접의 전체적인 비중을 가지고 서류 점수에 부족한 면까지 보완할 수 있다는 분석이 지배적입니다.

그렇다고 해서 서류 점수를 높게 받는다고 해서, 서류 점수가 낮다고 해서 면접을 대충 준비하라는 것은 아닙니다. 여러분들의 서류 점수의 기준에 따라 여러 가지 가능성이 발생할 수 있습니다. 여러분들과 비교적 서류 점수가 비슷한 지원자들끼리 경쟁에서 높은 위치를 차지하기 위해서는 면접의 준비를 꼼꼼하게 해야 승산을 가지고 올 수 있습니다. 예를 들면 상위권대학의 서류평가를 살펴보면 크게 서류에서 변별력을 가지고 갈 순 없습니다. 그렇기 때문에 상위권대학일 경우에는 면접의 질문도 다소 까다롭고, 전공과 관련된 질문을 통해 최종적인 지원자를 가려내려고 합니다. 따라서 면접의 준비가 더욱더 철저하게 요구되는 것이지요.

결과적으로 모든 가능성을 열어두고 면접전형 하나하나 최선을 다해 준비해야 하고 최종적인 결과를 기다려야 합니다. 다만 여러분들의 서류의 점수에 따른 학교의 지원전략을 체계적으로 준비하여 합격 가능성이 높을 수 있는 면접전형에 좀 더 철저한 준비를 하길 추천해 드립니다. 대입 면접 시즌이 되면 여러 대학교에서 동시다발적으로 면접을 진행하게 되면 면접 일정이 겹치는 일도 발생합니다. 그때 여러분들이 선택과 집중을 통해 좀 더 합격 가능성이 높은 전형에 자신의 노력을 최대한 투입하여 좋은 결과를 얻기 바랍니다.

부록_ **대입 면접 필살기 자료**

 대학별 면접 전형

(자세한 내용은 '각 대학 수시모집요강'을 참고하시기 바랍니다.)

대학	전형명	면접기준	면접방법
가천대	가천의예 가천바람개비1 학석사통합 가천SW	인성, 성장가능성, 학업능력, 전공적합성, 대면 평가 등의 평가 기준에 의한 종합적(정성)평가	- 평가위원3~5명이 개별면접
가톨릭대	학교장추천 가톨릭지도자추천	전공적합성, 인성, 발전가능성	- 10분내 외 개별면접 (단, 의예과 인·적성면접 포함 개인별 20분 내외면접 평가, 상황숙지시간은 별도 부여 가능)
강남대	서류면접	전공적합성, 인성, 종합적사고력 및 의사소통 능력 등 평가	- 다수입학사정관 서류 종합 평가
강원대	미래인재 소프트웨어인재	학업역량, 인성, 잠재역량	- 수험생 1인당 15분내 외 개별 면접 (서류 확인면접)
건국대	KU자기추천	전공적합성, 인성, 발전가능성	- 다대일면접 (10분 내외)
건국대 (글로컬)	Cogito자기추천	사실여부확인 및 서류바탕 학생의 인성, 학업 역량, 전공적합성, 입학 후 발전가능성평가	- 다대일면접(10~15분내 외)
경기대	KGU학생부종합	전공적합성, 신뢰성, 의사소통능력, 인성	- 다대일면접(15 분 내외) (단, 디자인비즈학부아이디어 발표형식)
경남대	미래인재	성실성 / 공동체의식, 학업역량 / 전공적성, 자기 주도성 / 도전정신, 의사소통능력	- 다대일면접 (전공 능력평가 위해 간단한 시연 및 실기요구가능)
경북대	일반학생 SW 특별 모바일과학인재	제출서류 진위확인 및 전공적합성, 인성 등 종합 평가	- 다대일 면접 또는 집단면접

대학	전형명	면접기준	면접방법
경상대	일반	전공 적합성, 발전가능성, 자기 주도성, 인성	– 다대일 면접(15분)
경인교대	교직적성	교직인성, 교직적성(개인면접) 협동심, 리더십, 창의적 문제해결력, 의사소통능력(집단면접)	– 개인면접: 확인 면접 통한 종합평가 – 집단면접: 대학자체 개발 면접 문항 활용, 공감 토의 방식 통해 문제 해결 발표과정 교직 인성 교직 적성종합 평가
경희대	네오르네상스	인성: 창학 이념적합도, 인성 전공적합성: 전공기초소양, 논리적사고력	– 평가위원 2인 개별면접, 질의 응답 10분 내외 (의학계열은 30분 내외) – 서류 확인 및 출제문항면접
계명대	일반	기본, 학업, 서류 검증 등 종합 평가	– 면접위원 2명이 10분 이내로 수험생 개별블라인드면접 (단, 의예는 20분 내외)
고려대	일반	인재상 부합역량, 논리적 · 복합적 사고력, 문제해결력, 의사소통 능력 등 종합 평가	– 제시문 활용 다수 면접위원 평가 (제출서류 관련 추가 질문 가능)
공주교대	교직적성인재	교직관 및 교양, 표현력, 태도 등 종합평가	– 개별면접: 지원자1명과 면접관 2명 이상(3개 문항중 1개 선택 답변, 추가1개 문항답변) – 집단토론: 지원자3~5명이한조 (2명의 면접관이 참관 · 평가)
공주대	일반	전공 적합성, 인성, 발전가능성	– 제출서류 또는 출제 문항 기반 면접
광운대	광운참빛인재 소프트웨어우수 인재	발전가능성, 문제해결력, 인성 등 평가요소종합 평가	– 평가위원2~3인 개별 확인 면접
광주교대	교직적성우수자	초등교사로서 직무를 원만히 수행할 수 있는지를 종합평가교직인·적성(30점), 태도 및 서류 확인(20점), 문제 해결능력(50점) 기본점수(300점)	– 평가위원 3명대 지원자 1명 15분 내외 질문

대학	전형명	면접기준	면접방법
국민대	국민프런티어	자기 주도성 및 도전정신, 전공적 합성, 인성 종합평가	- 평가자 3인대 수험생 1인 개별면접
남서울대	섬기는 리더	자기관리, 인성, 리더, 전공적합성	- 다수의 면접위원에 의한 평가
단국대	SW 인재	서류진위 여부 및 인성, 전공적 합성,SW인재로서의 발전가능성 등 종합 평가	- 다대일평가 (면접시간: 7분 이내)
대구 가톨릭대	DCU인재 가톨릭지도자 추천	인성, 창의성, 공동체성, 전공적 합성	- 수험생1명과 입학사정관2명 (10분 내외) 일반구술면접
대구교대	참스승	교직능력, 교직적성, 교직인성종 합평가	- 평가위원(3인) 개별면접 (제출 서류 활용),집단면접 (자체면접 문항활용)
대구대	서류면접	DU-HEART 인재상 고려 종합평가	- 면접위원2인대수험생 1인
대전대	혜화인재	학업역량, 전공적합성, 인성, 발전 가능성	- 다대일면접(15분 이내) (단, 한의예 전공 면접 문항 출제 면접고사 준비실에서 문항 공개, 준비시간별도 부여)
대진대	윈윈대진	학업역량30% (90점),잠역량 30% (90점),인성40% (12점)	- 2인 이상 면접위원 대 수험생 개인 (10분 내외)
덕성여대	덕성인재	전공적합성, 심층덕성역량, 서류 내용의 진위여부	- 면접평가위원 2인이 지원자 1인을 10분 내외로 평가
동국대 (경주)	참사람 불교추천인재	인성 및 사회성, 취지적합성, 전공 적합성, 성장가능성등 종합평가	- 다수 면접위원의 학생개별 면접
동국대	DoDream 불교추천인재	발전가능성, 전공 · 취지적합성, 인성 등 종합평가	- 2인입학사정관10분내 외 면접
동덕여대	동덕창의리더	고교 생활 등 질의응답을 통한 취지적합성 및 인성평가	- 고교 생활을 중심으로 한질의 응답 등의 면접(개별면접)
동서대	자기추천자	적성, 인성 및 품성, 의사소통능력 등 종합적 평가	- 다수 면접위원이 수험생 구술 면접

대학	전형명	면접기준	면접방법
동아대	잠재능력추천	인성, 전공적합성, 발전가능성 종합평가	- 명지원자를 입학사정관 2명이 평가 (교과 관련 지식 질문 없음)
동의대	학교생활추천	지원동기 및 학업계획,학업역량, 꿈과끼 관련 공통 질문 통해 면접고사 평가영역 해당지원자 역량평가 (지원자고교 생활 중 개인의 입장, 경험 바탕평가 영역 관련 자기주도적 노력 사례 묻는문항), 제출서류진위여부확인질문포함	- 입학사정관 2인 수험생 1명 15분 이내 개별평가 (블라인드면접)
명지대	명지인재 크리스천리더	인성, 전공적합성, 의사소통능력	- 평가위원2~3명이개별면접
목원대	목원사랑인재	기초학업능력, 잠재력, 인성 등종합 평가	- 3명의 면접위원이1~3명의 수험생 평가
목포대	종합일반	인재상 전공적합성 등 종합평가	- 모집단위별로 2~3인의 면접위원이 평가
배재대	배양영재	인성 (배려심, 협동심, 성실성, 책임감, 공동체의식), 전공적합성(학업역량, 지원전공이행 및 준비, 지원 의지), 발전가능성 (자기 주도성, 도전 정신, 문제해결력)	- 유아교육과 간호학과 다대다 면접, 그 외학과 다대일 면접 (10~15분)
백석대	창의인재	인성적 자질, 학문적 역량, 발전 가능성	- 서류 평가자료 기초구술 평가
부경대	학교생활우수 인재	전공적합성, 인성 및 품성, 의사 소통능력 등	- 10분내 외 개별인성면접 평가
부산 가톨릭대	고교생활추천 자기추천 성직자추천	인성(10%): 학교 생활 충실성, 봉사정신, 전공적합성(20%):학업역량, 자기 주도성	- 1명지원자 대상 입학사정관 2명 평가
부산교대	초등교직적성자	창의지성 교직가치관, 상호협력	- 3명 내 외의 학생이 한조가 되어 교사자질에 대한 질문

대학	전형명	면접기준	면접방법
부산외대	SW 인재	인성 (자기소개, 고교경험), 전공적합성 등 종합평가	- 다수 면접위원 개별 구술평가 사전공개 공통문항 7개 중3~5개 문항 질문 (답변 관련 추가 질문 가능, SW 인재 질문내용 변경 가능)
삼육대	신학특별 MVP 학석사통합 학교생활우수자	인성 및 의사소통능력, 서류신뢰도 등 종합평가 평가위원 중 2명 이상에게 최하등급 (전영역)을 받을시 불합격	- 평가위원 3명대 지원자1명 (6~8분),면접대기 중 준비된 문항지 문제 읽고 답변
상명대	상명인재	인성, 전공적합성, 발전가능성을 종합평가	- 면접위원 2인대 수험생1인 (10분 내외)
서울 과기대	학교생활우수자	인성, 전공적합성, 발전가능성 등 종합평가	- 평가위원2인 1조의 다대일 면접
목포대	종합일반	인재상 전공적합성 등 종합평가	- 모집단위별로 2~3인의 면접위원이 평가
서울교대	사향인재추천 교직인성우수자	교직 교양, 인성, 적성종합평가	- 평가위원2~3명다대일면접 (10분내 외, 제시문형태)
서울대	지역균형선발	서류 내용, 기본적인 학업소양 확인 (사범대학교직적성 · 인성 면접 포함)	- 지원자 1명 대상 복수면접위원(제출서류관련추 가질문 가능) - [체육교육과] 1단계 합격자 중 단체종목 지원자만 실기평가 실시 후 결과 면접 및 구술 고사반영
	일반	제시문 활용 전공적성 및 학업능력평가	
	일반(의예)	해당 전공에 필요자질, 적성, 인 성 등 평가	
	일반 (작곡과,국악과)	작곡과: 2단계 실기평가 및 서류 평가 자료, 포트폴리오 (작곡과 작곡전공 및 전자음악전공 1단계 합격자에 한함)를 활용한 심층적인 질의 · 국악과:2단계 실기평가 및 서류평가자료	
	일반 (사범계열-체육 교육 포함)	면접 및 구술고사: 공동출제문항 활용 모집단위로 모집단위별 지정한 관련 제시문을 활용하여 전공적성 및 학업능력,인성평가	

대학	전형명	면접기준	면접방법
서울대	일반 I (미술대학-실기 포함)	모집 단위관련 전공적성 및 학업 능력평가	– 면접 및 구술고사에서 1단계통합 실기평가결과, 서류평가자료, 포트폴리오 (동양화과·서양화과)를 참고 자료로 활용
서울시립대	학생부종합	종합적사고력, 문제해결능력, 의사소통능력, 공적윤리의식, 제출서류의 진실성 등 평가	– 면접위원 2~3인이 평가
서울여대	바롬인재 플러스인재 융합인재 기독교지도자	전공적합성, 발전가능성, 인성, 의사소통능력	– 2명 평가자 개별면접, 제출서류 기반으로 진행. 단,현대미술 전공의 경우 스케치 (20분) 기반 면접 진행
선문대	선문인재 소프트웨어인재	인성, 전공적합성, 발전가능성 등 종합평가	– 다대일면접 (평가위원 3명 이내,10~15분내 외)
성공회대	열린인재	모집단위 전공 관심도 (전공이해, 학습계획)와 수학 능력(이해력 논리력) 5단계정성평가	– 수험생1인2명 평가위원면접
성균관대	학과모집 (의예과)	인 적성, 전공적합성 등	– 의예 4단계 단계별 면접(MMI) (1인당 약40분소요)
성신여대	학교생활우수자 자기주도인재	서류기반진위검증면접	– 2인면접관 개별학생면접
세명대	학생부종합	지원자 인성 및 태도, 지원동기,전공 적성종합평가	– 1인 (또는 다수) 응시자 대다수 면접관
세종대	창의인재	전공적합성, 발전가능성, 인성, 의사소통능력 등 평가	– 평가위원2~3명이개별면접
숙명여대	숙명인재 II (면접형)소프트웨어 융합인재	종합적사고력, 전공적합성, 의사소통능력 및 인성 등 종합평가	– 개별면접, 다수면접위원평가
순천향대	일반학생	전공적합성(전공적성),인성(의사소통능력), 발전가능성 3가지 평가 항목 종합평가	– 개별면접
숭실대	SSU미래인재	전공적합성, 인성, 잠재력	– 면접위원 2명 개별면접 (10분 이내)

대학	전형명	면접기준	면접방법
안동대	ANU미래인재	인성: 가치관, 태도, 나눔, 배려, 협력, 자율성, 규범성평가 성장잠재력:지원동기,진로계획, 문제해결능력, 창의성, 자기 주도성, 자기 관리능력 등 평가	– 평가 위원이 평가한 점수를 합산, 평균하여 반영함 – 제출서류를 기반으로 인성 – 성장잠재력을종합평가함
안양대	아리학생부종합	제출서류 바탕 진정성 확인, 교육 이념 및 인재상 적합성여부 확인, 학부(학과) 필요 기본적 소양 확인 등을 통해 지원자 역량 평가	– 지원자1인의 면접 자료를 참고하여 2인의 면접위원이 질문하며 지원자가 답변하는 형식
연세대	면접형	논리적사고력과 창의적 사고력을 평가	– 다수의 면접위원에 의한 평가
	활동우수형 국제형	학업 및 의사소통능력, 자기주도 활동역량 등	
연세대 (원주)	교과면접형	인성 가치관, 계열별역량 (인문, 사회,자연,의예) 평가	– 평가위원2~3명이개별평가
	학교생활우수자	의학적인성가치관평가	
	국제계열활동 우수형	인성가치관 및 인문사회역량평가	
영남대	잠재능력추천	인성영역	– 구술가
우석대	종합일반	기초 소양, 적성 및 전공관심도, 전공분야수학능력	– 면접평가위원2~3명
우송대	잠재능력추천 글로벌인재	학업역량(지적호기심 과 탐구역량),전공적합성 (전공 이해도 및 활동,학업 및 진로계획),인성관련 (인성 및 품성, 사회성)등 평가	– 평가위원2~3명이면접
울산대	면접형 (종합면접)	학업성취 및 전공적합성, 잠재역량, 인성평가	– 다대일개인별종합면접
	면접 (종합면접-의예)	학업성취 및 전공적합성, 잠재역량, 인성평가	– 다양한 상황제시와 제출 서류를 확인하는 MMI면접

대학	전형명	면접기준	면접방법
원광대	학생부종합	발전가능성, 인성 및 가치관, 의사소통능력	– 서류 확인 면접
을지대	EU자기추천	학생부정성평가 및 면접 고사 통해 바른 인성과 전공적합성을 지닌 인재 선발	– 면접고사 시 자기소개서 기재 사항검증, 통해 종합 평가
인제대	자기추천자	지원자 면접 태도, 가치관, 사고력, 표현력 등 통해 지원자의 인품 및 기초소양평가, 해당 학문 수학 기초 능력평가	– 개별면접
인천대	자기추천	서류재확인절차 통해 지원자 전공적합성, 발전가능성, 의사소통능력, 인성사회성 평가	– 개별 면접방식 면접위원 2인 평균 점수 부여(5등급 (A~E) 평가,10분내 외)
인하대	인하미래인재	제출 서류 진위 여부 및 지원자의 인성 파악위한 서류 기반면접 과 지원전공(계열) 인재상 근거한 핵심 역량 평가	– 개별면접
전남대	고교생활추천	인성역량, 학업수행역량	– 평가위원(다수)개별면접
전북대	큰사람 글로벌인재 모험 · 창의인재	인성 및 가치관 30%, 잠재능력 및 발전가능성 70%	– 면접 위원3인1조로개별면접
전주대	일반학생 / 창업인재	인성, 적성 ,잠재력 등 종합 평가	– 다수면접위원평가
제주대	일반학생	전공적합성, 자기 주도성, 인성, 공동체기여도	– 개별면접
조선대	일반	인적성면접 : 인성 및 가치관, 지원동기, 전공 및 적성영역에 대한 학업열의	– 입학사정관 질문에 수험생이 답변 하는 방식으로 진행
중부대	진로개척자 (고양)	전공(진로)에 대한 관심과 열정 (30%), 바른 인성 및 가치관 (30%), 종합적사고력(창의력 중심) (20%),학업성실 (10%), 리더쉽 (10%)	– 다대다면접
진주교대	21세기형 교직 적성 자	학업성취 및 전공적합성, 잠재역량, 인성평가	– 다양한 상황제시와 제출 서류를 확인하는 MMI면접

대학	전형명	면접기준	면접방법
차의 과학대	CHA학생부종합	인성, 문제해결능력, 전공적합성, 학업역량, 발전가능성	– 인적성 평가 및 서류 확인 면접
창원대	글로벌 창의인재	학업역량, 전공적합성, 인성 및 품성	– 자기소개서,1단계 평가 결과, 개인별 10분 전후 평가
청운대	청운리더스	기본 소양 영역, 인성과 가치관 영역, 지원동기 및 전공 태도 영역, 전공 수학능력 및 적성 영역평가	– 4인 1조 개별면접 실시, 전임사정관 독립적, 개별적 종합 평가
청주교대	배움나눔인재	교사로서의 적성과 인성 등 종합평가	– 복수의 면접위원이 종합평가
총신대	코람데오인재	기독교 신앙, 인성(신학과–목회자 인성, 인문사회–일반 인성, 사범 계열–교직적성인성),서류심사 내용 확인, 평가기준(정성)에 의한 종합 평가	– 2명이상의 면접 위원이 지원자 1명을 면접
춘천교대	교직적성 인성인재	교직 적성 : 교직과 관련된 본 질적 문제나 현실적 쟁점, 교직 수행과 관련된 문제 상황 등을 종합적으로 파악하고, 합리적으로 해결하는데 요구되는 가치관, 논리력, 창의력, 표현력 등 교직적성을 평가함 교직 인성 : 학교생활 경험사례 통해 교직수행필수 요구책임/성 실, 배려/존중, 협동/참여 등 교직인성 평가	– 다수입학사정관평가
충남대	PRISM 인재 소프트웨어인재	Passion (열정, 목표지향성), Responsibility(성실성, 자기 주도성),Intelligence (논리적 사고, 창의적 능력 실제적 능력),Sincerity (배려, 협동심, 봉사정신), Matching(전공부합도, 전체 및 전공 관련 교과의 학업성취도 및 성과)	– 2(면접위원):1(지원자) 학교생활기록부 및 자기소개서 확인면접

대학	전형명	면접기준	면접방법
충북대	학생부종합 I	전문성, 인성, 적극성	– 개별면접
평택대	PTU종합	심층인성 면접 (인성, 전공적합성, 자기 주도성)	– 다대일면접
포항공과대	일반	과학 공학계 글로벌 리더로서의 잠재력, 사고력, 이공계 분야 수학기본 역량과 태도 등 종합 평가	– 개인면접실시
	창의IT인재	과학 공학계의 글로벌 리더로서의 잠재력, 융합적 사고력, 창의성, 이공계 분야 수학기본 역량과 태도 등 종합 평가	– 개인 면접 또는 그룹 면접 실시
한경대	21세기형 교직 적성 자	학업성취 및 전공적합성, 잠재역량, 인성평가	– 면대면 면접 실시
한국교통대	NAVI (인문/자연)	전공적합성(도전정신),인성, 자기주도성 등 종합 평가	– 다대일심층면접평가 (항공서비스학과다대다면접)
한국기술교육대	창의인재	전공이수역량 및 적합성, 인성, 비교과 영역 등 평가기준(정성)에 의해 종합평가	– 평가위원2~3명이 개별면접
한국산업기술대	KPU인재	학업 역량, 전공 적합성, 인성, 발전가능성 등을 평가	– 평가위원 3명이 개별면접
한국성서대	KPU인재	건학이념 및 인재상과의 부합정도, 창의적, 종합적 학습능력과 문제해결능력, 지원학과와 관련된 사회 현상(시사문제)에 대한 논리적 비판 및 대안 제시 능력 등 종합 평가	– 평가위원2~3명이개별면접 (일반면접) 또는 집단면접
한국외대	학생부종합	인적성 면접으로 전공적합성,논리적사고력, 인성 등 종합평가	– 개별블라인드면접(10분내외)
한국항공대	미래인재	지원학과 적성, 발전 가능성 및 잠재력 종합평가	– 수험생1명에 2인 면접위원 (12분내 외, 구술면접)

대학	전형명	면접기준	면접방법
한남대	한남인재 창업인재	인지적 역량, 정서적 역량, 행동적 역량 등 종합평가	– 2:1 서류 확인면접
한동대	한동인재 한동G-IMPACT 인재 소프트웨어인재	인성 및 창의성평가 (인재상부합도, 의사소통 및 면접태도, 성장잠재력, 논리성, 독창성)	– 면접위원 2인이 지원자 1인 대상 개별면접
한림대	학교생활추천 한림케어 한림SW인재	서류검증영역, 인성영역 (단,의예과 인성 면접, 상황면접 모의 상황 면접)	– 2(면접위원):1(수험생) 구술 면접(15분,의예과 MMI 면접)
한밭대	학생부종합	자체기준	– 발표 면접, 토론면접, 개별
한서대	일반	기본적인 태도와 자신감을 통한 발전가능성 평가, 자기 주도성과 논리적 표현 능력 등을 평가, 도덕성, 사회성에 대한 인성평가	–다대다구술면접
한성대	상상SW특기자	소프트웨어분야 성공잠재력, 학업 계획, 전공 소양 및 성취도, 인성/사회성/면접 태도 등	– 2명 이내 면접 위원 수험생 1명5~10분 이내 인성면접
한신대	참 인재	전공적합성평가	– 학부(과)별 면접 위원2~3인과 수험생 2~7인을 1조 구성 구술면접
한양대 (ERICA)	학생부종합 II	지원동기, 학업계획, 면접태도, 인성 등 종합평가	– 면접관2~3인 평가 후 평균 성적 반영
협성대	협성창의인재	지원동기, 학업계획, 면접태도, 인성 및 전공이해 등 종합 평가	– 면접관 2인 평가 후 평균성적 반영

대학	전형명	면접기준	면접방법
호서대	호서인재	전공 적합성 및 인성 등 잠재력	– 면접위원 2인 이상 평가
홍익대	미술우수자	미술 관련 소양, 창의성, 표현능력, 제출 서류 진실성 등 종합 평가	– 심층면접
홍익대 (세종)			

〈 자료 출처 : 한국대학교육협의회 '2020학년도 대입정보 119' 〉

🔔 ② 학과별 주요 기출 문제

- 합성어와 파생어에 대해 구체적인 예를 들어 말하시오.
- 문학의 사회적인 역할은 무엇이라고 생각하는가?
- 풍자와 유머의 차이를 말해 보시오.
- 문학의 기능을 세 가지만 제시하고, 각각의 기능에 대해 현대문학 작품을 예로 들어 설명하시오.
- 20세기 한국의 시인 중 누가 가장 훌륭한 시인이라고 생각하고, 그 이유를 설명하시오.
- 시와 소설의 차이점을 설명해 보시오.
- 우리나라 고전 소설 중에서 감동적인 작품 한 편을 소개해 보시오.
- 현대 작가의 작품 중에서 의미 있는 작품이 있으면 소개해 보시오.
- 표준어와 방언의 의미와 기능의 차이점을 예를 들어서 설명해 보시오.

- 영어영문학과는 크게 영어학과 영문학으로 분류됩니다. 이 중에서 어떠한 학문을 좀 더 세부적으로 공부를 하고 싶은지 말하고, 그 이유와 자신의 생각을 이야기해보시오.
- 영어영문학과를 나오지 않고서도 영어를 잘하는 사람은 굉장히 많은 시대입니다. 타 전공을 하면서 영어를 잘하는 사람들에 비해 영문학 전공이 어떤 이점을 가질 수 있는지 말해보시오.
- 영어속담 중 인상 깊은 것이 있으면 말해 보시오.
- 오늘날 무분별한 외국문화 유입에 대해 어떻게 생각하는지 말해보시오.

사학과

- 봉건제도에 대해 아는 대로 말해보시오.
- 동북공정에 대해 아는 바를 말해보시오.
- 산업혁명에 대해 아는 바를 설명하시오.
- 동학 농민전쟁에 대해 설명하시오.
- 신라의 삼국통일에 대해 아는 바를 말해보시오.
- 신해혁명에 대해 아는 바를 말해보시오.
- 프랑스 대혁명에 대해 아는 바를 말해보시오.
- 실학에 대해 아는 바를 말해보시오.
- 중국과 일본 사이의 센카쿠 분쟁이 일어난 이유와 대안은?

철학과

- 다른 학문과 철학의 차이가 무엇이라고 생각하는지 말해보시오.
- 철학에서는 어떤 내용을 공부하는지 설명하시오.
- 자신이 알고 있는 철학자 중 한 사람을 선택하여 그의 사상을 설명하시오.
- 철학의 궁극적인 가치는 무엇이라고 생각하며, 그 이유는 무엇인지 말해보시오.
- 그동안 읽어본 철학 관련 도서에 대해 간략히 설명하고, 그것이 자신의 삶에 어떤 영향을 미쳤는가를 설명하시오.
- 철학이란 무엇이며 철학이 세상을 위해 어떤 공헌을 할 수 있는지 말해보시오

중어중문과

- 중국의 경제 성장이 우리 사회에 미치는 영향에 대한 장점과 단점을 설명하시오.
- 중국문화(풍속, 습관, 의식 등)와 한국문화의 공통점과 차이점에 대해 설명하시오.
- 본인이 좋아하는 중국 작가 한명을 들고 그 이유에 대해 말해보시오.
- 본인이 좋아하는 중국 문학 작품을 들고 그 내용에 대해 말해보시오.
- 한자(漢字)의 특징과 본인이 뜻깊게 생각하는 고사성어(故事成語)에 대해 말해보시오.
- 중국이라는 나라에 대해 관심을 두게 된 동기와 이유에 대해 말해보시오.
- 간체자(簡體字)가 무엇인지 말해보시오.
- 한어 병음 방안(漢語拼音方案)이 무엇인지 말해보시오.
- 당송팔대가(唐宋八大家)에 대해서 말해보시오.
- 사대기서(四大奇書)에 대해서 말해보시오.

일어일문과

- 일본어를 공부해야 할 필요성에 대해서 말해보시오.
- 한국 속의 일본문화에 대하여 아는 대로 이야기해 보시오.
- 자신이 생각하는 바람직한 한국과 일본 간의 문화교류는 무엇인가?
- 일본어를 배우고 나면 자신의 장래에 어떤 좋은 점이 있을지 말해보시오.
- 한국, 일본의 대중문화의 상호영향에 대하여 아는 대로 이야기해 보시오.
- 일본이라는 나라와 일본인에 대해서 배울 점, 배우지 말아야 할 점에 대해 말해보시오.
- 최근의 일본 관련 보도 중 관심 있게 접한 뉴스는 무엇이며, 그에 대해 어떤 생각을 했는지 말해보시오.

한문학과

- 세계화 시대에 한문학이 필요한 이유에 대해 말해보시오.
- 한문으로 적힌 동양고전 하나를 들고 그 고전에 대해 아는 바를 말해보시오.
- '한문학'에서 가장 먼저 떠오르는 인물은 누구이며, 그 이유를 말해보시오.
- 한자, 한문을 공부해야 하는 이유에 대해서 말해보시오.

– 중·고등학교에서 배운 '한문' 교과 수업 가운데 가장 기억에 남는 내용을 말해보시오.

– 사서(四書)에 대해서 아는 대로 말해보시오.

– 漢字의 文字的 特徵에 대해 말해 보시오.

법학과

– 법과 도덕이란 무엇이며 어떤 관계에 있는지 말해보시오.

– 헌법은 무엇이라 생각하는지 말해보시오.

– 법의 목적은 무엇이라고 생각하는지 말해보시오.

– 법률 간의 충돌이 생기면 어떻게 해결해야 하는지 말해보시오.

– 님비현상에 대한 법적 규제가 어디까지 이루어져야 하는지 말하시오.

– 동성 결혼을 합법화하는 것에 대해 어떻게 생각하는지 말하시오.

– 국제사회에서 여권 신장을 위해 어떤 일들이 이루어져야 한다고 생각하는지 말하시오.

행정학과

– 행정이 민주적이어야 한다는 것은 무슨 의미인지 말해보시오.

– 오늘날 정부가 수행하는 주요 역할은 무엇인지 말해보시오.

– 공공영역, 민간영역, 제3영역의 차이점은 무엇인지 말해보시오.

– 민주국가에서 삼권분립이 중시되는 이유는 무엇인지 말해보시오.

– 현대사회에서 정부가 필요한 이유는 무엇인지 말해보시오.

– 행정부의 기능은 무엇인지 말해보시오.

– 행정에서 가장 중요한 가치는 무엇이라고 생각하는지 말해보시오.

– 지방자치의 장단점에 대해 설명하라.

– 한국 사회에서 다문화가정의 증가에 따른 긍정적 측면과 부정적 측면은 무엇인가?

– 공무원으로서의 직업이 다른 직업보다 유익한 점은 무엇이라고 생각합니까?

– 수도권 집중화에 대한 학생의 의견은 무엇인지 말해보시오.

- 국가는 왜 전쟁을 하는지 말해보시오.
- 남북한 통일이 필요합니까? 가부간 각자의 이유에 대해 설명하시오.
- 현재의 국제질서의 성격에 대해 설명하시오.
- 한국의 역사상 자신이 가장 좋아하는 지도자는 누구인가? 왜 그 사람을 좋아하는가?
- 중국이 급속하게 부상하고 있습니다. 한국은 미국과 중국과의 사이에서 어떤 관계를 추구하는 것이 바람직할지 말해보시오.
- 대북정책의 방향에 대해서 본인의 의견을 말해보시오.
- 정치란 무엇이라고 생각하고, 정치는 왜 필요하다고 생각하는지 말해보시오.

사회학과

- 사회가 개인에게 미치는 영향에 대해서 예를 들어 설명하시오.
- 개인이 사회변화에 미치는 영향에 대해서 예를 들어 설명하시오.
- 한국인이 명품에 대한 열광이 심한 까닭은 무엇인지 말해보시오.
- 한국 청년실업을 해소하기 위해 정부는 어떤 노력을 기울여야 한다고 보는지 말해보시오.
- 밀양 신공항 건설에 대한 본인의 의견을 말해보시오.
- 현재 한국 사회에서 혼혈아에 대한 차별이 심한 이유는 무엇인지 말해보시오.
- 외모지상주의의 문제점에 대해 설명하시오.
- 최근 한국인의 자살률이 높은 이유는 무엇인지 말해보시오.

문헌정보학과

- 문헌정보학과에서 무엇을 배우고 공부하는지를 간략하게 설명해보시오.
- 우리 사회에서 도서관이 왜 필요하고 왜 중요한지를 간략하게 설명해 보시오.
- 인터넷의 발달은 도서관에 어떤 영향을 미치는지 말해보시오.
- 독서는 인간발달에 어떤 영향을 미치는지 말해보시오.
- 종이책과 e-book(전자책)의 차이점은 무엇인지 말해보시오.
- 학생들이 판타지 추리소설을 많이 읽는 이유는 무엇인지 말해보시오.

– 다문화사회에서 도서관이 해야 할 역할은 무엇인지 말해보시오.

– 도서관 사서가 갖추어야 하는 능력과 성품은 무엇인지 말해보시오.

– 전통적 도서관과 디지털 도서관의 차이점은 무엇인지 말해보시오.

– 공공도서관은 지역주민에게 어떤 유익을 제공하는지 말해보시오.

– 베스트셀러는 양서(좋은 책)라고 할 수 있는지 말해보시오.

사회복지학과

– 사회복지사의 역할은 무엇인지 말해보시오.

– 사회복지는 어떤 문제를 다루는 학문인지 말해보시오.

– 훌륭한 사회복지사에게 필요한 자질은 무엇이라 생각하는지 말해보시오.

– 보건복지가족부 장관이 된다면 무엇을 하고 싶은지 말해보시오.

– 한국사회의 변화를 통해 사회복지의 필요성을 말해보시오.

– 한국은 OECD 국가 중 자살률이 1위이다. 자살에 대한 생각을 말하고 나름대로
  대책을 제시하시오.

– 사회복지를 전공으로 선택하게 된 계기와 본인이 사회복지를 해야 하는 이유를 설명

– 사회보장정책의 시행에 있어서 사회보험과 공공부조가 지니는 특징에 대하여 설명
  하시오.

– 무상급식에 대해 어떻게 생각하는지 말해보시오.

– 현재 한국 사회에서 가장 이슈가 되고 있는 사회문제에 대해 원인과 대책을 이야기하시오.

- 최근 미디어와 관련된 중요한 이슈는 무엇이라고 생각하며 그 내용을 말해보시오.
- 언론이 일상생활에 미친 영향력에 대해 설명해보시오.
- 방송 채널의 수가 급격히 많아지면서 생긴 문제점들에 대해서 말해보시오.
- 한국 언론의 문제점에 대해서 말해보시오.
- 사회의 발전을 위해 언론은 어떤 역할을 해야 하는지 말해보시오.
- 한국 방송 드라마의 문제점과 나아갈 방향에 대해 말해보시오.
- 인터넷 댓글 문화의 문제점과 개선방안에 대해 말해보시오.

경제통상학부

- 청년실업률이 높은 원인과 대책에 대하여 말해 보시오.
- 한국 경제에서 해결되어야 할 중요한 과제는 무엇이라고 생각합니까?
- 달러에 비해 원화 가치가 높아질 경우 예상되는 효과는 무엇인지 말해보시오.
- '합리적인 소비'란 무엇인지 말해보시오.
- 녹색 성장은 무엇을 말하는지 말해보시오.
- 천만 원의 투자자금이 있다면 어떻게 운용할 것인가? 그 이유를 말해보시오.
- '햇살론'이나 '미소금융'의 경제적 효과에 대하여 설명하시오.
- '기회비용'이란 무엇인지 말해보시오.
- 저축과 소비가 경제에 미치는 영향을 말해보시오.
- '규모의 경제'란 무엇인지 설명하시오.

경영학부

- 기업의 사회적 책임이란 무엇인지 말해보시오.
- 기업에서 최고경영자의 바람직한 역할은 무엇인지 말해보시오.
- 기업의 국제화는 왜 필요한지 말해보시오.
- 환율상승(원화 가치 하락)이 기업경영에 미치는 영향에 대하여 이야기하시오.
- 애플(apple)의 CEO인 스티브 잡스를 어떻게 생각하는지 말해보시오.
- 허위 또는 과대광고를 규제해야 하는 이유는 무엇인지 말해보시오.

경찰행정학과

- 경찰의 불심검문에 대한 문제점을 설명하시오.
- 국가 간 정상회의 기간 중 집회를 금지하는 것이 타당하다고 생각하는지 말해보시오.
- 경찰관의 계급체계를 설명하시오.
- CCTV의 범죄예방 효과와 문제점을 설명하시오.
- 사형제도에 대한 찬반 의견을 밝히고, 그 근거를 제시하시오.
- 흉악범 처벌 강화에 대한 본인의 의견을 밝히고, 그 근거를 제시하시오.
- 집회 및 시위의 중요성에 대해 설명해 보시오. 그리고 그 한계는 뭐라고 생각하는가?
- 형을 중하게 하면 할수록 범죄예방에 효과적이라고 생각하는가?
- 지역사회의 비행 청소년 문제를 해결하기 위한 경찰의 역할은 무엇인가?

관광경영과

- 관광의 의미 및 전망에 대해 어떻게 생각하는지 말해보시오.
- 국내 관광지 중 인상 깊었던 곳은 어디이며 그 이유는 무엇인지 말해보시오.
- 세계 관광시장에서 한국의 위치에 대한 견해를 말해보시오.
- 국제 행사와 관광산업의 관련성에 대한 견해를 말해보시오.
- 전시컨벤션 산업의 개념 및 전망에 대해 어떻게 생각하는지 말해보시오.
- 한류와 관광산업에 대한 견해를 말해보시오.
- 관광과 환경문제에 대한 견해를 말해보시오.
- 컨벤션 산업의 의미 및 중요성을 말해보시오.
- 자신이 외국인에게 추천하고 싶은 한국 음식과 그 이유를 말해보시오.

사범계열

- 사범대를 지원하게 된 동기는 무엇입니까?
- 가장 존경하는 선생님은 어떤 분이며 그 이유가 무엇인지 말해보시오.
- 선생님으로서 집단 따돌림(왕따)에 대하여 어떻게 대처할 것인가?
- 체벌에 대하여 본인의 견해를 말해 보십시오
- 본인이 가장 좋아하는 과목은 무엇입니까?
- 학교에 들어와서 가장 하고 싶은 일은 무엇입니까?
- 고등학교 생활에 대해 이야기해 보세요.
- 고교 시절 어떤 봉사 활동을 해봤습니까?
- 학창시절 가장 인상에 남는 선생님은 누구입니까?
- 고교 시절 수상 경력이 있는지요?
- 한국의 교육 개혁에 대한 본인의 견해는?

초등교육

- 교직의 여초 현상에 대해 어떻게 생각하는가?
- 학부모의 학교 운영 참여에 대해 어떻게 생각하는가?
- 체벌에 관한 자신의 의견은?
- 청소년의 탈선에 대한 해결책을 말해보시오.
- 왕따의 사회현상에 대한 원인과 그 대책은?
- 교실 붕괴에 대한 원인과 그 해결책을 말해 보시오.
- 21세기 정보화 시대에 맞는 교육자의 역할이 무엇이라고 생각하는가?
- 선생님이 되고 싶은 이유가 무엇인가?

자연계열

식품공학, 식품영양

– 짜게 먹는 식습관이 건강에 미치는 영향과 문제의 해결방안을 구체적으로 설명해 보세요.

– 음식물 쓰레기가 많이 발생하고 있습니다. 이를 처리하기 위한 방법을 구체적으로 설명해보세요.

– 식품공학전공에 지원한 동기는 무엇인가?

– 식품 전공인으로서 가져야 할 가장 중요한 직업윤리 의식에는 무엇이 있는가?

– 식품과 관련된 고교시절의 활동 경험에는 무엇이 있는가?

– 식품영양학과, 식품공학과, 조리학과의 차이점은 무엇이라고 생각하나요?

– 비만이 건강에 안 좋은 이유

컴퓨터, IT관련학과

– 3D프린터는 사물을 3차원으로 복사할 수 있는 기계입니다. 이것을 우리 생활에 어떻게 활용할지 구체적으로 설명해 보세요.

– IT 관련 도서 중에 가장 감명 있게 읽은 도서를 소개하고 그 이유와 소감을 말해 보세요.

– IT 기술이 생활 속에 어떻게 사용되고 있는지 설명해 보세요.

– IT를 포함한 생활 속에서 핵심적으로 변화되었으면 하는 기술이 무엇인지 설명하시오.

– IT 공학부를 지원한 동기는 무엇인지 말해 보세요.

– IT 공학부에 진학한 후의 학업계획에 대해서 말해 보세요.

– 스마트폰과 태블릿 PC는 몇 대 정도 있을 것이라 생각하는가?

– 국내 가정용 PC가 몇 대 정도 있을 거라 생각하는가?

– IoT 기술이 미래에 어떤 혁신을 일으킬지 예상해보라

– 빅데이터란 무엇이며 긍정적인 측면과 부정적인 측면에 대하여 이야기해 보세요

– 컴퓨터의 정의와 기능을 말하시오.

건축공학, 건축학

- 건축에서 관심 분야는 무엇이며, 이를 발전 또는 개선할 방법이 있다면 설명해 보시오.
- 건축학전공과 건축공학전공의 차이점에 대하여 설명해 보세요.
- 건축 분야와 관련된 최근의 이슈 한 가지에 대해 자신의 생각을 말해 보세요.
- 건축가의 사회적 역할은 무엇이라 생각하는지 말해 보세요.
- 최근 건설된 초고층 건물들에 대한 본인의 생각이나 느낌을 말해 보세요.
- 친환경적인 건축이란 어떠한 것인지 설명하시오.
- 우주 공간에 건축물을 건설한다면 무엇이 달라질지 설명하시오.
- 공간이 왜 필요하다고 생각하나요?

기계공학, 자동차관련

- 자율 주행차는 무엇입니까?
- 자율주행차가 우리의 삶에 어떤 변화를 가져올 것으로 생각하십니까?
- 본인이 생각하는 자율주행차의 가장 핵심적인 기술은 어떤 것이며 그 이유는 무엇입니까?
- 원심력에 대해 설명하시오.
- 작용 반작용 법칙에 대해 설명하시오.
- $F=ma$를 설명하시오.
- 가속도의 단위는 무엇인가?
- 1 라디안(radian)은 몇 도인가?
- 고등학교 때 배운 물리법칙 중 에너지 보존 법칙에 대해 설명해 보세요.
- 엔지니어의 역할은 무엇이라 생각하는가?
- 구의 부피를 미분하면 구의 겉넓이가 된다. 이 관계에 대해 설명하시오.
- 연속함수와 미분 가능 함수에 대해 구체적인 예를 들어 말하시오.
- 연속함수와 미분 가능 함수의 관계를 설명하시오.

전기공학

- 전기공학부에서 무엇을 배우는가?
- 삼각 함수의 원리와 피타고라스의 정리는 무엇인가?
- 미래 사회를 대비한 바람직한 엔지니어로서의 자세는?
- 미, 적분을 초등학교 학생에게 설명하여 보시오.
- 교류와 직류의 차이를 설명해 보십시오.
- 한 반의 학생이 30명일 때 학급 내에서 생일이 2명 이상 같을 확률은 얼마인지 말하시오.
- 함수가 연속일 때 미분이 가능하지 않은 원리를 사회 현상에 적응시켜 말하시오.
- 인공위성 궤도에 따른 인공위성의 주기를 말하고 유도하시오.

전자공학

- 핵무기 사용에 대한 자신의 견해를 말해 보시오.
- 수학적 귀납법을 정의하고 주어진 문제를 풀어 보시오.
- 저전력 제품이 개발되는 이유와 장점을 말하시오.
- 콩과 쌀을 담은 가마니에서 각각의 부피를 10분 안에 구할 수 있는 방법을 말하시오.
- 복소수의 예를 들고 켤레 복소수가 무엇인지 말하시오.
- 지수 함수의 예를 들고 그것을 미분하시오.
- 원을 정의할 때 필요한 두 요소를 말하시오.
- 미분의 정의를 말하시오.
- 콜라를 냉동실에 계속 넣어두면 터지는 이유가 무엇인지 말하시오.
- 비가 올 때 뛰는 것과 걷는 것 중 어느 쪽이 더 비를 덜 맞을지 말하시오.

화학, 화학공학

- 오존층 파괴의 원인과 대책에 대해 말하시오.
- 오존층의 구성 물질을 말하시오.
- 오존층의 생성과 소멸 과정을 말하시오.
- 촉매에 대해 말하시오.
- 드라이아이스와 얼음의 차이점을 말하시오.
- 물과 소금의 어는점, 끓는점을 비교하고, 그와 같이 차이가 나는 이유를 말하시오.
- 주기율표에 대해 말하시오.
- 철의 산화 과정을 말하시오.
- 풍선에 수소 기체를 넣고 손을 놓으면 어떻게 되는지 말하시오.
- 나비 효과에 대해 말하시오.
- 50㎏인 사람의 몸속에 양성자 개수는 몇 개인가?
- 산과 염기를 설명해 보라.
- 화학 반응은 무엇인지 그 예를 들어 말하시오.
- 산화와 환원이란 무엇인지 그 예를 들어 말하시오.
- 아르키메데스의 원리에 대해 말하시오.
- 비누의 원리에 대해 설명해 보라.
- 비누로 때를 빼는 현상을 화학적으로 설명해 보라.

생명공학, 생물, 생명과학

- 광합성 과정을 명반응, 암반응으로 자세히 설명해 보라.
- 순수 과학과 응용과학의 차이를 말해 보라.
- mRNA로부터 단백질을 만드는 과정을 말하시오.
- mRNA의 기능에 대해 말하시오.
- 대기 분석과 같은 방법 외에 생명체의 존재를 알 수 있는 방법에 대해 말하시오.
- 유전자 변형 농산물의 장단점에 대해 말하시오.
- 토양이 생물이라고 생각하는지 무생물이라고 생각하는지 자신의 생각을 말하시오.

– 감수 분열 결과로 생기는 세포와 분열 시 교차가 일어났을 때의 결과를 말하시오.

– 당뇨병이 무엇이며 필요한 호르몬의 이름과 그 작용에 대해 말하시오.

– 항원 항체 반응에 대해 말하시오.

– 환경 호르몬에 대해 말하시오.

– 환경 호르몬이 인체에 어떻게 작용하는지 말하시오.

– 인간 게놈 프로젝트(인체 지도)에 대해 말하시오.

– 질병에 관한 유전자는 어떻게 알 수 있는지 말하시오.

의예과

– 응급 환자가 들어왔는데 돈이 없어서 수술이 불가능한 경우 어떻게 하겠는가?

– 실력이 좋은 의사와 인간성이 좋은 의사 중에서 누가 더 낫다고 생각하는가?

– 안락사에 대한 자신의 견해를 말해 보시오.

– 대체 의학을 어떻게 이해해야 하는지 의견을 말해보시오.

– 의사의 사회적 역할은 무엇인지 말해 보시오.

– 의학 분업에서 가장 큰 발전과 발견은 무엇인가?

– 인공장기란 무엇이고 신체 중 인공장기를 만들기 쉬운 부분은 어디인가?

– 범죄자의 구치소 수감과 정신병 환자의 요양소 감호에 대한 자신의 견해를 말하시오.

– 인체에 해로운 물질을 포함한 식품이 불특정 다수에게 시판되고 있어 사회적 문제가
  되고 있습니다. 이러한 사회 현상에 대한 의사로서의 할 일(책임과 의무)을 말해 보시오.

– 우리나라에서는 공공의료보험이 시행되고 있으나 최근 민간의료보험제도의 도입이
  논의되고 있습니다. 의료에서 민간의료보험제도의 도입에 대한 견해를 말해보시오.

– 왜 의사가 되기를 원하나요?

– 의료사고에 대한 자신의 생각을 말해 보시오.

한의예과

– 한의학 관련 인물 가운데 허준을 제외하고 가장 존경하는 인물을 말해 보시오.

– 한약재는 그 사용 부위에 따라 채집 시기가 달라진다. 그 이유를 설명해 보시오.

– 한의학과 서양 의학이 서로 조화를 이룰 수 있는지에 대한 자신의 견해를 말해 보시오.

– 한의학의 장점에 대해 설명해 보시오.

– 한의학과 지원 동기를 말해 보시오.

간호학과

– 간호사로서의 덕목에 대해서 말해 보시오.

– 정상 혈압의 범위에 대해서 말해 보시오.

– 노인 장기 요양보험에 대해 아는 대로 설명해 보시오.

– 우리나라의 청소년 자살률이 높은 이유와 그 해결방안에 대해 말해 보시오.

– 비만이 건강에 미치는 영향에 대해 설명해 보시오.

– 간호사의 역할을 구체적으로 나열하시오.

– 암을 예방하기 위한 생활방식에 대해 설명해 보시오.

– 신종인플루엔자를 예방하기 위한 방법에 대해 설명해 보시오.

– 고열이 있을 때 처치 방법에 대해 설명해 보시오.

– 흡연으로 인한 건강 문제는 무엇이며 이에 대한 대책을 말해 보시오.

– 만약 병원 내에 불화가 있다면 어떻게 대처할 것인가?

〈출처: 교육부, 교육부 산하 기관, 각 시도 교육청 및 대학의 면접전형 관련 자료〉

③ 2021년 주요 시사 자료

- 긍정적 영향과 부정적 영향이 공존하는 주제입니다.
- 주제별로 장점과 단점에 대해 생각해 보고 단점에 대한 대안도 생각해 보시기 바랍니다.

공유경제

한 번 생산된 제품을 여럿이 공유해 쓰는 협업 소비를 기본으로 한 경제를 의미합니다. 쉽게 말해 "나눠 쓰기"란 뜻으로 자동차, 빈방, 책 등 활용도가 떨어지는 물건이나 부동산을 다른 사람들과 함께 공유함으로써 자원 활용을 극대화하는 경제 활동입니다. 소유자 입장에서는 효율을 높이고, 구매자는 싼값에 이용할 수 있게 하는 새로운 소비 형태입니다.

핀테크

핀테크(FinTech)는 Finance(금융)와 Technology(기술)의 합성어로, 금융과 IT의 융합을 통한 금융서비스 및 산업의 변화를 통칭한다. 금융서비스의 변화로는 모바일, SNS, 빅데이터 등 새로운 IT기술 등을 활용하여 기존 금융기법과 차별화된 금융서비스를 제공하는 기술기반 금융서비스 혁신이 대표적이며 최근 사례는 모바일뱅킹과 앱카드 등이 있습니다. 산업의 변화로는 혁신적 비금융기업이 보유 기술을 활용하여 지급결제와 같은 금융서비스를 이용자에게 직접 제공하는 현상이 있는데 애플페이, 알리페이 등을 예로 들 수 있다.

암호 화폐(가상화폐)

컴퓨터 등에 정보 형태로 남아 실물 없이 사이버상으로만 거래되는 전자화폐의 일종으로, 각국 정부나 중앙은행이 발행하는 일반 화폐와 달리 처음 고안한 사람이 정한 규칙에 따라 가치가 매겨집니다. 지폐·동전 등의 실물이 없고 온라인에서 거래되는 화폐를 말합니다. 해외에서는 초반 눈에 보이지 않고 컴퓨터상에 표현되는 화폐라고 해서 '디지털 화폐(Digital Currency)' 또는 '가상화폐' 등으로 불렀지만, 최근에는 암호화 기술을 사용하는 화폐라는 의미로 '암호화폐'라고 부르며 정부는 '가상통화'라는 용어를 사용합니다. 암호화폐는 각국 정부나 중앙은행이 발행하는 일반 화폐와 달리 처음 고안한 사람이 정한 규칙에 따라 가치가 매겨집니다. 또 정부나 중앙은행에서 거래 내역을 관리하지 않고 블록체인 기술을 기반으로 유통

되기 때문에 정부가 가치나 지급을 보장하지 않습니다. 장점은 화폐 발행에 따른 생산비용이 전혀 들지 않고 이체 비용 등 거래 비용을 대폭 절감할 수 있습니다. 또 컴퓨터 하드디스크 등에 저장되기 때문에 보관 비용이 들지 않고, 도난·분실의 우려가 없기 때문에 가치저장 수단으로서의 기능도 뛰어나다는 장점을 가지고 있습니다. 그러나 거래의 비밀성이 보장되기 때문에 마약 거래나 도박, 비자금 조성을 위한 돈세탁에 악용될 수 있고, 과세에 어려움이 생겨 탈세수단이 될 수도 있어 문제가 되고 있습니다.

가상현실(VR)

컴퓨터로 만들어 놓은 가상의 세계에서 사람이 실제와 같은 체험을 할 수 있도록 하는 최첨단 기술을 말한다. 머리에 장착하는 디스플레이 디바이스인 HMD를 활용해 체험할 수 있습니다. 인공현실(artifical reality), 사이버공간(cyberspace), 가상세계(virtual worlds)라고도 합니다. 가장 먼저 가상현실 기법이 적용된 게임의 경우 입체적으로 구성된 화면 속에 게임을 하는 사람이 그 게임의 주인공으로 등장해 문제를 풀어나갑니다. 이러한 가상현실은 의학 분야에서는 수술 및 해부 연습에 사용되고, 항공·군사 분야에서는 비행 조종 훈련에 이용되는 등 각 분야에 도입, 활발히 응용되고 있습니다.

플랫폼 비즈니스

사업자(공급자)가 네트워크를 구축하고 여기에 소비자의 시간과 공간의 제약을 받지 않고 참여할 수 있도록 하는 사업 형태를 말합니다. 스마트폰, 컴퓨터, 게임기 제조업체들은 각종 소프트웨어 공급자들이 다양한 서비스를 제공할 수 있는 장을 마련해 줍니다. 쇼핑몰도 일정한 지리적 공간에 다양한 상점들이 입점하게 유도함으로써 소비자들이 원스톱 쇼핑을 할 수 있도록 하는 플랫폼을 제공합니다.

브렉시트

영국의 유럽연합(EU) 탈퇴를 뜻하는 말로, 2016년 6월 진행된 브렉시트 찬반 국민투표에서 결정되었습니다. 이후 EU와 영국은 2017년 12월 1단계 협상을 도출한 데 이어 2018년 11월 브렉시트 협상을 마무리하고 합의안을 도출했습니다. 이에 양측은 브렉시트 합의안에 대한 양측 의회의 비준 동의를 받아 이를 발효토록 하는 비준 절차에 돌입했으나, 영국 하원에서 브렉시트 합의안이 잇따라 부결되면서 노딜 브렉시트 우려가 높아졌습니다. 이처럼 합의안의 부결로 브렉시트 기한은 당초 2019년 3월 29일이었으나, 4월 12일로 한 차례 연기됐고 다시 10월 31일까지로 연장된 상태입니다.

초미세먼지

지름 2.5㎛ 이하의 먼지로 'PM2.5'로 표기합니다. 먼지는 입자의 크기에 따라 총 먼지, 지름이 10㎛ 이하인 미세먼지, 지름이 2.5㎛ 이하(PM 2.5)인 초미세먼지로 나뉩니다.

지름 2.5㎛(마이크로미터, 1㎛ = 1000분의 1mm) 이하의 초미세먼지 입자로 황산염·질산염·암모니아 등의 이온 성분과 금속화합물, 탄소화합물 등의 유해물질로 이뤄져 있습니다. 주로 자동차 배기가스 등에서 발생하는 초미세먼지는 호흡기 깊숙이 침투해 폐 조직에 붙어 호흡기 질환을 일으키며, 혈관으로 흡수돼 뇌졸중이나 심장질환의 원인이 되는 것으로 알려져 있습니다.

워라밸 세대

일과 자기 자신, 여가, 자기 성장 사이의 균형을 추구하며, 칼퇴근과 사생활을 중시하고 취직을 '퇴직 준비'와 동일시하는 경향을 보이는 세대를 말합니다. 김난도 서울대 소비자학과 교수가 '트렌드 코리아 2018' 출간기념회에서 2018년의 소비 트렌드 중 한 요소로 꼽았습니다. 그는 "서양의 '워라밸'이 직장과 가정의 양립을 뜻한다면 최근 젊은 직장인 사이에선 '직장과 개인 생활의 양립'이란 의미로 쓰인다"고 설명했습니다. 사생활을 중시하고 자신만의 취미 생활을 즐기는 이들이 소비시장의 중심축으로 떠오르고 있다고 설명했습니다.

주 52시간 근무제

요약 주당 법정 근로시간이 기존의 68시간에서 52시간으로 단축된 근로 제도로 2018년 7월 부터 300인 이상 사업장과 공공기관을 대상으로 시행되었습니다.

주 52시간 근무제는 주당 법정 근로시간이 기존의 68시간에서 52시간으로 단축된 근로 제도 입니다. 관련 법규인 근로기준법 개정으로 2018년 7월부터 300인 이상 사업장과 공공기관 을 대상으로 시행되었습니다. 50~299인 사업장의 경우 2020년 1월, 5~49인 사업장의 경 우 2022년 7월부터 시행됩니다. 강행규정이기 때문에 노사가 합의를 해도 주 52시간을 초과 할 수 없으며 이를 어길 시 사업주는 징역 2년 이하 또는 2,000만원 이하 벌금에 처해집니다.

낙태죄

태아를 자연 분만기에 앞서 인위적인 방법으로 모체 밖으로 배출시키거나 약물 등으로 모체 안 에서 제거함으로써 성립하는 범죄를 말합니다. 형법 제269조에서는 낙태한 여성은 1년 이하 의 징역이나 200만 원 이하의 벌금형을 받고, 270조에서는 의사, 한의사, 조산사 등 의료인이 낙태에 관여한 때에는 이보다 무거운 2년 이하의 징역에 처하도록 하고 있습니다. 다만 모자보 건법에서는 원칙적으로 임신중절을 금지하지만, 근친상간·성폭행·산모의 건강에 심각한 위협 이 되는 경우 등에 한해 임신중절을 허용하고 있습니다. 한편, 헌법재판소가 2019년 4월 11 일 낙태를 처벌하도록 한 형법 규정에 대해 헌법불합치 결정을 내리면서 2020년 12월 31일 까지 관련 법이 개정되지 않을 경우 낙태죄 규정은 전면 폐지될 예정입니다.

워커밸

직원과 손님 사이의 균형을 일컫는 신조어입니다. 직원이 손님에게 친절해야 할 뿐만 아니라 손님도 직원에게 예의를 지켜야 한다는 뜻입니다.

매너 소비를 중시하는 사회 분위기는 인권과 합리를 중시하는 20, 30대 젊은 층을 중심으로 확산되고 있습니다. 여기에 지난해 10월 감정노동자 보호법으로 불리는 산업안전보건법 개정 안이 국회를 통과하면서 기업들도 직원 보호에 나서고 있습니다.

촉법소년

만 10세 이상~14세 미만으로 형벌을 받을 범법행위를 한 형사미성년자를 의미합니다.

촉법소년은 범법행위를 저질렀으나 형사책임 능력이 없기 때문에 형벌 처벌을 받지 않습니다. 대신 가정법원 등에서 감호위탁, 사회봉사, 소년원 송치 등 보호처분을 받게 됩니다.

한편 나라별 형법 적용 개시 연령은 일본의 경우 우리나라와 마찬가지로 14세이고, 영국은 18세입니다. 정부는 촉법소년 상한 연령을 만 14세에서 13세로 낮추는 방안을 검토하고 있습니다. 2017년 부산 여중생 폭행, 서울 관악산 집단폭행 사건 등의 가해자 중 일부가 촉법소년이라는 이유로 보호처분에 그치자 이들을 엄벌해야 한다는 여론이 커졌기 때문입니다.

윤창호법

음주운전으로 사람을 사망하게 한 경우 법정형을 현행 1년 이상의 유기징역에서 무기징역 또는 3년 이상의 징역으로 상향 조정한 특가법 개정안입니다.

음주운전으로 인명 피해를 낸 운전자에 대한 처벌 수위를 높이는 '특정범죄 가중처벌 등에 관한 법률(특가법) 개정안'과 음주운전 기준을 강화하는 내용 등을 담은 '도로교통법 개정안'을 말합니다. 윤창호법은 음주운전 사고로 숨진 윤창호 씨 사망 사건을 계기로 마련된 법안으로, 고인은 2018년 9월 부산 해운대구에서 만취 운전자가 몰던 차량에 치여 뇌사상태에 빠졌다가 끝내 세상을 떠났습니다. 윤창호 씨 사망사고를 계기로 사회 전반에 음주운전에 대한 경각심이 높아지면서 지난해 음주운전 단속 기준과 처벌을 강화한 이른바 '윤창호법'이 국회를 통과했습니다. 2019년 6월 25일 도로교통법 개정안으로 확대 시행될 예정입니다.

스튜어드십 코드

스튜어드십 코드는 기관투자자의 책임 원칙. 국민연금, 자산운용사 같은 기관투자자들이 주인(고객)의 자산을 맡아 관리하는 집사(스튜어드)처럼 고객을 대신해 투자 기업의 의사결정에 적극 참여, 고객의 자산을 충실하고 선량하게 관리하도록 하는 자율 지침을 말합니다. 2010년 영국을 필두로 미국, 호주, 일본 등 총 20여개 국가에 도입되었습니다. 2019년 대한항공 주총에서 국민연금공단이 의사결정에 참여해 세간의 주목을 받았었습니다.

노키즈존

영유아와 어린이의 출입을 금지하는 업소를 가리키는 신조어입니다. 성인 손님에 대한 배려와 영유아 및 어린이의 안전사고를 방지하기 위해 출입을 제한하는 규칙입니다. 노키즈 존에 대해서는 영업상 자유라는 견해와 영유아를 잠재적 위험 집단으로 설정하고 사전에 차단해 버린다는 점에서 기본권 침해의 소지가 있다는 견해가 대립하고 있습니다. 노키즈존을 찬성하는 입장에서는 특정 손님의 입장 거부는 민법상 계약 과정에서 손님을 선택하고 서비스를 제공하지 않을 수 있는 자유에 속한다고 보고 있습니다. 반면 노키즈존에 반대하는 입장에서는 헌법상 평등의 원리, 차별 금지의 원칙 등에 따라 업주의 과잉 조치라고 보고 있습니다.

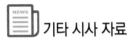 기타 시사 자료

알고 있으면 주장에 근거를 내세울 때 도움이 되는 자료입니다.

스마트 그리드

기존의 전력망에 정보통신기술(ICT)을 접목해 전력 공급자와 소비자가 양방향으로 실시간 전력 정보를 교환함으로써 에너지 효율을 최적화하는 차세대 지능형 전력망을 뜻합니다. 전력을 효율적으로 사용하기 위해 고안된 에너지 저장 장치(ESS), 에너지관리시스템(EMS), 스마트 가전 등을 모두 아우르고 있는 기술입니다. 미국의 FERC(미국에너지연방규제위원회)는 스마트 그리드를 통하면 전력 사용이 가장 많은 피크 타임 시 20%의 절전 효과를 가져올 수 있다고 합니다. 현재 한전에서도 사업을 추진 중에 있습니다.

스마트 시티

첨단 정보통신기술(ICT)을 이용해 도시 생활 속에서 유발되는 교통 문제, 환경 문제, 주거 문제, 시설 비효율 등을 해결하여 시민들이 편리하고 쾌적한 삶을 누릴 수 있도록 한 '똑똑한 도시'를 뜻합니다.

스마트 팩토리

제품을 조립, 포장하고 기계를 점검하는 전 과정이 자동으로 이뤄지는 공장으로 정보통신기술 (ICT)의 융합으로 이뤄지는 차세대 산업혁명인 4차 산업혁명의 핵심으로 꼽는다. 스마트 팩토리는 모든 설비와 장치가 무선통신으로 연결되어 있기 때문에 실시간으로 전 공정을 모니터링하고 분석할 수 있습니다. 스마트 팩토리에서는 공장 곳곳에 사물인터넷(IoT) 센서와 카메라를 부착시켜 데이터를 수집하고 플랫폼에 저장해 분석하는데, 이렇게 분석된 데이터를 기반으로 어디서 불량품이 발생하였는지, 이상 징후가 보이는 설비는 어떤 것인지 등을 인공지능이 파악하여 전체적인 공정을 제어합니다.

사물인터넷

사물인터넷(Internet of Things)은 세상에 존재하는 유형 혹은 무형의 객체들이 다양한 방식으로 서로 연결되어 개별 객체들이 제공하지 못했던 새로운 서비스를 제공하는 것을 말합니다. 사물인터넷(Internet of Things)은 단어의 뜻 그대로 '사물들(things)'이 '서로 연결된 (Internet)' 것 혹은 '사물들로 구성된 인터넷'을 말합니다. 기존의 인터넷이 컴퓨터나 무선 인터넷이 가능했던 휴대전화들이 서로 연결되어 구성되었던 것과는 달리, 사물인터넷은 책상, 자동차, 가방, 나무, 애완견 등 세상에 존재하는 모든 사물이 연결되어 구성된 인터넷이라 할 수 있습니다.

크라우드 펀딩

요약 후원, 기부, 대출, 투자 등을 목적으로 웹이나 모바일 네트워크 등을 통해 다수의 개인으로부터 자금을 모으는 행위를 말합니다.

군중(crowd)으로부터 자금 조달(funding)을 받는다는 의미로, 자금이 필요한 개인, 단체, 기업이 웹이나 모바일 네트워크 등을 이용해 불특정 다수로부터 자금을 모으는 것을 말합니다. 소셜 네트워크 서비스(SNS)를 통해 참여하는 경우가 많아 소셜 펀딩이라고도 합니다. 크라우드 펀딩은 크게 대출형, 투자형, 후원형, 기부형으로 나눌 수 있습니다.

클라우드 컴퓨팅

인터넷상의 서버를 통하여 데이터 저장, 네트워크, 콘텐츠 사용 등 IT 관련 서비스를 한 번에 사용할 수 있는 컴퓨팅 환경입니다.

정보가 인터넷상의 서버에 영구적으로 저장되고, 데스크톱·태블릿 컴퓨터·노트북·넷북·스마트폰 등의 IT 기기 등과 같은 클라이언트에는 일시적으로 보관되는 컴퓨터 환경을 뜻합니다. 즉 이용자의 모든 정보를 인터넷상의 서버에 저장하고, 이 정보를 각종 IT 기기를 통하여 언제 어디서든 이용할 수 있다는 개념입니다. 클라우드 컴퓨팅을 도입하면 기업 또는 개인은 컴퓨터 시스템을 유지·보수·관리하기 위하여 들어가는 비용과 서버의 구매 및 설치 비용, 업데이트 비용, 소프트웨어 구매 비용 등 엄청난 비용과 시간·인력을 줄일 수 있고, 에너지 절감에도 기여할 수 있습니다. 하지만 서버가 해킹당할 경우 개인정보가 유출될 수 있고, 서버 장애가 발생하면 자료 이용이 불가능하다는 단점도 있습니다.

블록체인

누구나 열람할 수 있는 장부에 거래 내역을 투명하게 기록하고, 여러 대의 컴퓨터에 이를 복제해 저장하는 분산형 데이터 저장기술입니다. 여러 대의 컴퓨터가 기록을 검증하여 해킹을 막을 수 있습니다.

블록에 데이터를 담아 체인 형태로 연결, 수많은 컴퓨터에 동시에 이를 복제해 저장하는 분산형 데이터 저장 기술입니다. 공공 거래 장부라고도 부릅니다. 중앙 집중형 서버에 거래 기록을 보관하지 않고 거래에 참여하는 모든 사용자에게 거래 내역을 보내 주며, 거래 때마다 모든 거래 참여자들이 정보를 공유하고 이를 대조해 데이터 위조나 변조를 할 수 없도록 되어 있습니다.

증강현실(AR)

사용자의 현실 세계에 3차원 가상물체를 겹쳐 보여주는 기술입니다.

가상현실(VR: virtual reality) 기술이 컴퓨터그래픽이 만든 가상환경에 사용자를 몰입하도록 함으로써 실제 환경을 볼 수 없는데 비해, 증강현실 기술은 실제 환경에 가상의 객체를 혼합하여 사용자가 실제 환경에서보다 실감 나는 부가정보를 제공받을 수 있습니다. 예를 들면 길을 가다 스마트폰 카메라로 주변을 비추면 근처에 있는 상점의 위치 및 전화번호, 지도 등의 정보가 입체영상으로 표시되고, 하늘을 비추면 날씨 정보가 나타나는 등 다양한 분야에 적용되고 있습니다.

앱 경제

이동통신사로부터 독립된 새로운 모바일 인터넷 생태계로 구축된 앱스토어 중심의 경제. 고용 창출 등 긍정적 경제 효과가 막대한 규모로 성장함에 따라 미래 신성장 동력과 사람들의 일상 생활마저 변화시키는 혁신산업으로 자리매김하고 있습니다. 넓은 영역에 걸쳐 이용자에게 매력적인 경험을 제공하기 위하여 참여 개발자들이 이용 방법 등을 다양하게 변형시킬 수 있도록 플랫폼을 개방하는 특징을 갖고 있습니다.

딥러닝

스스로 학습하는 컴퓨터, 즉 딥러닝은 컴퓨터가 사람처럼 생각하고 배울 수 있도록 하는 기술을 뜻합니다. 많은 데이터를 분류해서 같은 집합들끼리 묶고 상·하의 관계를 파악하는 기술입니다. 딥러닝은 기계학습의 한 분야라고 할 수 있습니다. 차이점이 있다면 기계학습은 컴퓨터에 먼저 다양한 정보를 가르치고 그 학습한 결과에 따라 컴퓨터가 새로운 것을 예측하는 반면, 딥러닝은 인간의 '가르침'이라는 과정을 거치지 않아도 스스로 학습하고 미래의 상황을 예측할 수 있습니다. 2016년 2월에 한국의 이세돌 9단과 바둑 대별을 펼쳤던 인공지능 '알파고'도 딥러닝 기술을 통해 만들어진 프로그램입니다. 이세돌과 바둑을 두기 전까지 알파고는 끊임없이 스스로 바둑 기보를 가지고 바둑 전략을 학습했습니다. 사람이 특별히 정보를 입력한 것도 아니고, 다른 기계의 정보를 가져다 배운 것도 아닙니다. 알파고들이 서로 바둑을 두면서 바둑의 원리를 배웠고, 과거에 있었던 바둑 경기들을 스스로 학습하면서 어떤 상황에서는 어떤 수를 두어야 할지 배워나간 것입니다.

제로페이

제로페이(Zero-pay)는 소비자가 이미 출시된 간편결제 앱을 켜 매장 단말기의 QR 리더기에 대면 은행 계좌에 있던 현금이 바로 판매자에게 이체되는 시스템입니다. 소상공인들의 카드 결제 수수료 부담을 덜어주기 위해 도입된 제도로 이때 발생하는 이체 수수료는 협약을 맺은 은행 및 간편결제 사업자가 부담합니다.

스타트업

설립한 지 오래되지 않은 신생 벤처기업으로, 미국 실리콘밸리에서 처음 사용된 용어입니다. 신생 창업기업을 뜻하는 말로 미국 실리콘밸리에서 처음 사용되었습니다. 보통 혁신적인 기술과 아이디어를 보유하고 있지만, 자금력이 부족한 경우가 많고, 기술과 인터넷 기반의 회사로 고위험·고수익·고성장 가능성을 지니고 있습니다.

한편, 기업 가치가 10억 달러 이상인 스타트업은 유니콘(Unicorn)이라고 부르는데, 이는 많은 스타트업 중 크게 성공하는 스타트업이 드물어 상상 속에 존재하는 유니콘과 같다는 의미를 지니고 있다. 특히 기업 가치가 100억 달러 이상인 스타트업은 뿔이 10개 달린 상상 속 동물인 데카콘(Decacorn)이라고 부르는데, 이는 유니콘보다 더 희소가치가 있는 스타트업이라는 의미이다.

가젤형 기업

매출액 또는 고용자 수가 3년 연속, 평균 20% 이상 지속적으로 고성장하는 기업을 말합니다. 매출액 또는 고용자 수가 3년 연속, 평균 20% 이상 지속적으로 고성장하는 기업. 빠른 성장과 높은 순 고용 증가율이 '빨리 달리면서 높은 점프력을 갖고 있는' 영양류의 일종인 가젤과 닮았다고 해서 붙인 이름입니다. 강소기업을 말하는 '히든 챔피언'과 비슷한 개념이지만 강소기업은 매출 신장에 비중을 더 두는데 비해 가젤형 기업은 안정적인 일자리 창출에 중추적인 역할을 하고 있습니다. 가젤형 기업 중에서도 매출 1000억 원 이상의 기업은 슈퍼 가젤형 기업이라고 말합니다.

소확행

일상에서 느낄 수 있는 작지만 확실하게 실현 가능한 행복. 또는 그러한 행복을 추구하는 삶의 경향. 주택 구입, 취업, 결혼 등 크지만 성취가 불확실한 행복을 좇기보다는, 일상의 작지만 성취하기 쉬운 소소한 행복을 추구하는 삶의 경향, 또는 그러한 행복을 말합니다.

일대일로

일대일로란 중국 주도의 '신(新)실크로드 전략 구상'으로, 내륙과 해상의 실크로드경제벨트를 지칭합니다. 35년간(2014~2049) 고대 동서양의 교통로인 현대판 실크로드를 다시 구축해, 중국과 주변국가의 경제·무역 합작 확대의 길을 연다는 대규모 프로젝트입니다. 2013년 시진핑 주석의 제안으로 시작되었으며, 2017년 현재 100여 개 국가 및 국제기구가 참여하고 있습니다. 내륙 3개, 해상 2개 등 총 5개의 노선으로 추진되고 있습니다.

비메모리 반도체

정보를 저장하는 용도로 사용되는 메모리반도체와는 달리, 정보처리를 목적으로 제작된 반도체를 말합니다. 비메모리 반도체는 컴퓨터 중앙처리장치(CPU)처럼 특수한 기능을 하기 때문에 고도의 회로설계기술을 필요로 합니다. (시스템 반도체라고 함)
정보처리를 목적으로 제작된 반도체로, 컴퓨터 중앙처리장치(CPU)처럼 특수한 기능을 하기 때문에 고도의 회로설계 기술을 필요로 합니다. 메모리반도체의 경우 기능이 단순한 반면 수요가 많아 대규모 투자를 바탕으로 대량 생산방식이 가능하지만, 비메모리 반도체는 소량 다품종의 고부가가치형 생산 체제로 공급됩니다. 특히 메모리반도체보다 적은 투자로 더 많은 수익을 거둘 수 있기 때문에 일본·미국 업체들이 적극 나서고 있습니다. D램, S램, V램, 롬 등이 메모리에 속하며, 중앙처리장치(CPU), 멀티미디어 반도체, 주문형 반도체(ASIC), 복합형 반도체(MDL), 파워 반도체, 개별소자, 마이크로프로세서 등 메모리 이외의 모든 반도체를 비메모리라고 부릅니다.

학업을 잠시 중단하거나 병행하면서 봉사, 여행, 진로 탐색, 교육, 인턴, 창업 등의 활동을 체험하며 흥미와 적성을 찾고 앞으로의 진로를 설정하는 기간 학업을 잠시 중단하고 자신이 하고 싶은 일을 하며 흥미와 적성을 찾는 기간을 말합니다. 이 기간에는 봉사, 여행, 진로 탐색, 교육, 인턴, 창업 등의 활동을 직접 체험하며 앞으로의 진로를 설정합니다. 영미권에서는 전통적으로 중등교육을 끝내고 고등교육을 받을 예정인 학생들 사이에서 이루어지고 있습니다.

조현병(정신분열병)이란 사고(思考), 감정, 지각(知覺), 행동 등 인격의 여러 측면에 걸쳐 광범위한 임상적 이상 증상을 일으키는 정신 질환입니다. 조현병(정신분열병)은 여러 가지 유형으로 나타나며, 단일 질병이 아닌, 공통적 특징을 지닌 몇 가지 질병으로 이루어진 질병군으로 파악되고 있습니다. 뇌는 인간의 모든 정신적, 신체적 기능들을 조절, 관리하는 기관이기 때문에 뇌에 이상이 생기면 아주 다양한 증상이 나타날 수 있습니다. 조현병은 뇌의 이상에 의해 발생하는 뇌질환, 뇌장애로 보는 것이 옳고, 그렇기 때문에 다양한 증상으로 나타납니다.

행정안전부 장관은 대통령령으로 정하는 재난이 발생하거나 발생할 우려가 있는 경우 사람의 생명·신체 및 재산에 미치는 중대한 영향이나 피해를 줄이기 위하여 긴급한 조치가 필요하다고 인정하면 중앙위원회의 심의를 거쳐 재난 사태를 선포할 수 있습니다. 다만, 행정안전부 장관은 재난 상황이 긴급하여 중앙위원회의 심의를 거칠 시간적 여유가 없다고 인정하는 경우에는 중앙위원회의 심의를 거치지 않고 재난 사태를 선포할 수 있습니다.

국가재난 사태가 선포되면 재난 경보를 발령할 수 있고 물자나 인력을 동원하는 행정 권한이 확대돼 공무원을 비상 소집할 수 있다. 학교 등은 휴교 등 조치를 취하게 됩니다.

탄력적 근로시간제

유연근무제의 일종으로, 근로기준법 51조에 근거를 둔 제도입니다. 특정일의 노동시간을 연장하는 대신 다른 날의 노동시간을 단축해 일정 기간 평균 노동시간을 법정노동시간에 맞추는 방식입니다. 탄력근로제는 2주 이내 또는 3개월 이내 단위 기간을 정해 운용할 수 있으나, 경사노위가 2019년 2월 탄력근로제 단위 기간을 현행 최대 3개월에서 6개월로 확대하는 것을 골자로 한 합의안을 도출했습니다. 이는 일감이 몰리는 시기엔 노동자들이 더 오래 일하고, 적을 땐 업무시간을 줄여 6개월 평균 노동시간을 최대 주 52시간으로 맞추면 된다는 뜻입니다.

수소자동차

수소자동차의 정식 명칭은 '수소연료전지자동차'(FCEV·Fuel Cell Electric Vehicle)다. 따라서 '수소전지 자동차' '수소 전기차' 등으로 불려야 맞습니다.

수소연료전지는 수소와 산소의 화학반응을 통해 얻습니다. 수소는 산소와 결합해 물로 변환되는 과정에서 에너지가 발생합니다. 수소 단위 부피당 발열량은 탄화수소보다 낮습니다. 그러나 단위 중량당 발열량은 약 3배 정도 높습니다. 이는 수소가 같은 중량의 화석연료보다 에너지가 3배가량 높다는 것을 의미합니다.

수소연료전지를 통해 전기를 얻어 작동하는 자동차가 수소차입니다. 수소차에는 발전장치, 배터리, 전기모터 등이 모두 장착돼 있습니다. 발전장치는 수소를 산소와 반응시켜 전기를 만들고 이 전기를 이용해 모터를 돌립니다.

무인자동차 (자율주행자동차)

운전자의 조작 없이 자동차 스스로 주행환경을 인식, 목표지점까지 운행할 수 있는 자동차입니다. 스스로의 위치를 파악하고 장애물을 인식할 수 있는 감지 시스템, 이에 따라 감속 및 가속, 조향 등의 명령을 내리는 중앙제어 장치, 명령에 따라 필요한 작동을 취하는 액추에이터 등으로 구성됩니다. 안전 등의 이유로 주로 운전보조장치로 사용되리라고 예상됩니다. 진로 및 장애물의 인식이 기술의 관건이 되며, 인공위성을 이용한 위성항법장치(GPS:Global Positioning System)와 도로를 따라 부착된 신호를 이용하여 진로를 인식하는 방법 등이 연구되어 있습니다.

5G

5세대 이동통신의 약자로 4G(LTE) 이후 차세대 통신기술 규격입니다. 5G는 기존 4G보다 빠르고 지연 시간은 줄어 초고속·초고용량 서비스 구현을 가능하게 합니다. 최대속도가 20Gbps에 달하는 이동통신 기술로, LTE에 비해 최대속도가 빠르고 처리용량도 많습니다. 강점인 초저지연성과 초연결성을 통해 가상현실, 자율주행, 사물인터넷 기술 등을 구현할 수 있습니다.

밀레니얼 세대

1980년대 초반~2000년대 초반 출생한 세대를 가리키는 말로, 정보기술(IT)에 능통하며 대학 진학률이 높다는 특징이 있습니다. 이들은 2008년 글로벌 금융위기 이후 사회에 진출해 고용 감소, 일자리 질 저하 등을 겪은 세대이기도 합니다. 포스코인재창조원은 포스코그룹 임직원에게 '밀레니얼 세대 소통 가이드'를 나눠 주었습니다. 1980년대 이후에 태어나 비교적 경제적으로 여유로운 환경에서 자란 밀레니얼 세대의 직원들이 점차 늘자 기존과 다른 새로운 소통 방식이 필요하다고 본 것입니다. 포스코가 이례적으로 세대 간 소통을 위한 가이드까지 만들어 배포한 것은 이 밀레니얼 세대가 기성세대와는 완전히 다른 가치관을 갖고 있어 조직 관리상 필요하다고 판단했기 때문입니다.

패스트트랙

패스트트랙은 국내 정치에서는 국회에서 발의된 안건의 신속처리를 위한 제도라는 뜻을 갖고 있으며, 경제 분야에서는 일시적으로 자금난을 겪고 있는 중소기업을 살리기 위한 유동성 지원 프로그램을 가리키는 용어로 사용됩니다. 또 국제 분야에서는 미국 행정부가 국제통상 협상을 신속하게 체결할 수 있도록 의회로부터 부여받는 일종의 협상 특권을 지칭합니다.

특별재난지역

자연재해나 대형 사고와 같은 인적 재난 등으로 극심한 피해를 입었을 때 사고에 대해 시·도의 행정 능력이나 재정 능력으로는 수습이 곤란하여 효과적인 수습과 복구를 위한 특별한 조치가 필요하다고 인정되는 경우, 「재난 및 안전관리 기본법」에 의해 중앙사고 대책본부장의 건의와 중앙안전대책위원회 심의를 거쳐 대통령이 선포하도록 규정되어 있습니다. 일반적인 지원 대상은 인명과 재산의 피해 정도가 매우 크고 영향이 광범위해 정부 차원의 종합적인 대처가 필요한 재난입니다. 또 시·도의 행정이나 재정 능력으로는 수습이 현저히 곤란한 재난, 피해를 본 주민·기업·기관·단체에 대한 정부 차원의 행정·재정·경제상의 지원이 필요하다고 인정되는 재난, 사회의 안녕질서 및 산업경제 활동에 중대한 영향을 미치는 재난이 포함됩니다.

기본 소득

국가나 모든 사회 구성원에게 어떠한 조건 없이, 개별적으로 지급하는 현금 소득을 말합니다. 재산이나 건강, 취업 여부 혹은 장차 일할 의사가 있는지 없는지 등, 일절 자격 심사를 하지 않고 일률적으로 모든 사회 구성원에게 일정한 돈을 주기적으로 평생 지급한다는 점에서 기존의 사회복지 프로그램들과 근본적으로 다릅니다. 모든 사람에게 기초적인 생활권을 보장해야 한다는 정신에서 나온 개념입니다. 기본소득제는 20세기 들어 버트런드 러셀, 에리히 프롬, 마틴 루서 킹, 앙드레 고르 등에 의해 본격적으로 논의되기 시작했는데, 예수님을 기본소득제의 원조로 보는 시각이 있다.

〈출처: 네이버 백과사전〉

부록_ 비대면 면접의 모든 것

비대면 면접, 이렇게 준비하면 최후의 승자!

① 비대면 면접으로의 변화

지난 해부터 계속되고 있는 코로나-19로 대입 면접에 큰 변화가 발생했습니다. 얼굴을 보고 면접을 진행하는 방식이 아닌, 영상 또는 녹화 방식으로 면접을 진행하는 비대면 면접이 증가하고 있습니다.

대입 면접은 수시 합격의 최종 당락을 가늠할 만큼 중요한 단계인데요, 코로나-19 확산방지를 위해 일부 대학이 비대면 면접을 실시하고 있어 이에 대한 적극적 대비가 필요합니다.

현재 수시에서 비대면 면접을 운영하기로 결정한 대학은 고려대, 이화여대, 신한대 등이 있으며 국민대, 동국대도 실기 면접을 비대면 방식으로 운영합니다. 문제는 코로나-19가 현재진행형이라는 데 있습니다.

향후 코로나-19가 확산되거나 자가격리자의 면접을 실시할 경우 더 많은 학교들이 비대면 면접으로 변경할 수 있어 사전에 대비를 철저히 해두는 것이 합격의 핵심 열쇠가 될 수 있습니다.

2 비대면 면접, 장단점 샅샅이 파헤치기

1) 누군가에게는 기회가 될 수도 있는 비대면 면접!

비대면 면접의 가장 큰 장점은 면접상황에서의 긴장감을 크게 낮출 수 있다는 점입니다. 면접관을 직접 마주보고 대화하는 것이 아니기 때문에 현장에서 느끼는 압박감과 부담감을 크게 줄일 수 있습니다. 면접 준비를 철저히 해왔더라도 유독 긴장감을 크게 느끼거나 예상치 못한 상황에 답변하기 어려워했던 학생들은 비대면 면접이 오히려 기회의 요소가 될 수도 있습니다.

특히 녹화영상을 올리는 방식의 면접은 추가질문의 부담감으로부터 한결 가벼워질 수 있습니다. 대면 면접에서 학생이 답변한 내용에 대해 꼬리에 꼬리를 물고 세세하게 파고드는 추가질문은 학생들의 긴장감을 한껏 높이는 요소였습니다. 순간 대처능력이 부족한 학생들은 이러한 질문들로 인해 더 큰 압박을 느껴왔는데요, 이러한 학생들에게 추가질문 없이 주어진 질문에 충실히 대답할 수 있는 비대면 면접은 위기가 아닌 기회의 요소로 다가올 것입니다.

2) 정보의 부족, 완성도 문제! 비대면 면접의 단점

문제는 비대면 면접이 실시된 지 얼마 되지 않아 면접 준비에 대한 정보가 턱없이 부족하다는 것입니다. 수시 원서 접수를 마치고 면접 준비에 돌입한 학생들은 각자 자신들의 방식으로 철저한 면접 준비를 하게 됩니다. 그런데, 지원하려는 대학이 비대면 면접으로 갑작스럽게 방식을 변화한다면 더 큰 혼란에 사로잡힐 수 있습니다. 따라서 유비무환의 자세로 비대면 면접에 대한 이해를 높이고 사전 준비를 해두는 것이 좋습니다.

무엇보다 비대면 면접은 완성도가 매우 높아야 합격할 수 있다는 단점이 있습니다. 실제로 대면 방식의 면접에서는 답변이 조금 부족하더라도 면접관의 표정과 태도를 살펴보며 현장 분위기를 파악하고 추가질문에 적절히 답변하는 등 실수를 만회할 기회가 충분히 있습니다. 하지만 비대면 면접은 이러한 상호작용의 과정이 배제되면서 더욱 완성도 있는 답변을 해야만 합격 가능성을 높일 수 있습니다.

또한 카메라와 마주하는 상황 자체를 어색하게 느끼는 학생들도 상당히 많은 편입니다. 면접관과 직접적으로 소통할 때보다 카메라를 쳐다보며 답변하는 것이 더어색하다 보니 표정관리부터 답변 태도까지 전반적인 답변 완성도를 낮출 우려가있습니다. 따라서 비대면 면접을 준비하는 수험생이라면 카메라와 가까워지기 위해 수많은 연습과정을 거쳐야만 합니다.

③ 알수록 합격확률이 높아진다, 유형별 준비방법

모든 비대면 면접이 동일한 방식으로 진행되는 것은 아닙니다. 대학에서 제시하는 면접 방식에 차이가 존재하는 만큼 대학 유형에 맞춰 효과적인 대비가 필요합니다. 지금부터 네 가지 면접 유형을 살펴보며 비대면 면접에 대처하는 방법을 자세히 알려드리겠습니다.

1) 현장 화상면접

이 면접은 지정된 장소에서 면접관과 수험생이 비대면으로 화상 면접을 진행하는 형태입니다. 캠퍼스 내의 분리된 공간에서 면접을 진행하는 만큼 직접적인 소통은 어렵지만 정해진 시험장에서 면접을 치르게 됩니다. 컴퓨터 화면을 통해 면접이 이루어지고 약 10분 내외의 시간 동안 면접을 진행하게 됩니다.

📖 공략 포인트!

녹화가 아닌 실시간 면접이라는 사실을 잊지 마세요. 모든 상황은 대면 면접과 동일하다고 생각하고 면접에 임하기 바랍니다. 카메라를 통해 면접관을 응시하며 자연스러운 시선 처리로 면접을 진행해야 합니다. 면접 질문에 대해 자신감 있는 표정으로 정확히 답변하고, 카메라를 통해 자연스럽게 아이컨택을 시도하기 바랍니다. 손동작이나 제스처는 따로 전달되지 않는 만큼 긴장되는 상황에서 어느 정도의 손동작을 활용하는 건 가능합니다. 다만, 답변을 할 때는 카메라에 나온 자신의 모습을 확인하며 또박또박 답변하는 것이 중요합니다.

☑ 고사장에 늦지 않도록 유의할 것
☑ 카메라를 자연스럽게 응시하면서 대화할 것
☑ 자신의 얼굴이 어떻게 나오는지 미리 확인하고 카메라 거리, 각도를 조정할 것

2) 현장 녹화면접

이 면접은 지정된 대학 내 공간에서 제시문을 숙독한 뒤 제시문에 답변하는 내용을 현장에서 녹화하여 제출하는 형태입니다. 면접 질문이 사전에 공개된 경우에는 지원자가 답변 과정을 녹화한 뒤 대학 시스템에 업로드하는 방식으로 진행되기도 합니다. 현장 녹화 후 제출된 녹화영상을 면접 평가 위원이 검토한 뒤 따로 평가를 진행하게 됩니다.

📖 공략 포인트!

대학 내 지정된 장소에서 면접을 치르긴 하지만, 실시간으로 면접관이 지켜보고 있는 상황은 아님을 명심해야 합니다. 즉, 녹화로 진행되는 방식인 만큼 카메라를 면접관이라고 생각하고 답변을 이어가야 합니다. 실시간 진행 방식이 아니다보니 추가 질문없이 진행되는 경우가 많습니다. 따라서 질문한 개당 답변 길이를 1분 내외로 너무 짧지 않게 준비해둘 필요가 있습니다. 면접을 실시하기 전에 말하고자 하는 내용을 머릿속으로 정리해둔 뒤 카메라와 자연스럽게 아이컨택을 하며 답변을 이어나가면 됩니다. 완성도 높은 답변과 차분한 답변 태도가 고루 갖춰져야 좋은 평가를 받을 수 있습니다.

☑ 면접관과 대화하는 것처럼 자연스럽게 답변할 것
☑ 하나의 질문에 너무 짧게 답변하지 말 것, 완성도 높은 답변 준비!
☑ 논점에서 벗어나지 않도록 답변 개요를 짜고 두괄식으로 답할 것

3) 녹화영상 업로드

이 면접은 지정된 장소에 방문하지 않고 집에서 촬영을 하는 것이 가능합니다. 미리 공개된 문항에 대해 수험생이 답변을 충분히 생각해보고 영상을 촬영할 수 있습니다. 질문 공개 후 지정된 기간 내에 영상을 업로드해야 하며, 업로드된 영상을 면접평가 위원이 평가하여 합격을 결정하게 됩니다. 학교별로 면접 제한시간이 정해져 있으므로 시간을 반드시 준수해야 합니다.

📚 공략 포인트!

자신이 원하는 장소에서 면접 영상을 녹화한 뒤 업로드할 수 있어 장소 선정부터 심혈을 기울여야 합니다. 되도록 밝은 곳에서 촬영을 하는 것이 좋고, 주변의 잡음이 섞이지는 않았는지 음성 확인을 철저히 해야 합니다. 카메라 위치, 배경까지 꼼꼼히 확인하면서 자신이 가장 잘 드러날 수 있는 방법을 찾기 바랍니다. 녹화를 할 때는 카메라를 자신감 있게 응시하며 밝은 표정으로 답변해야 합니다. 답변을 사전에 준비하는 만큼 외운 것을 그대로 읊는 느낌이 들지 않게 자연스러운 답변을 충분히 연습해야 합니다. 무엇보다 지정된 업로드 기간을 절대 놓치지 않게 유의해야 하며, 시간적 여유를 갖고 완성도 높은 결과물을 제출하기 바랍니다.

- ☑ 면접 제한시간을 어기지 않도록 충분한 사전연습이 중요
- ☑ 카메라와 눈높이를 맞추고, 면접관과 대화하는 것처럼 답변할 것
- ☑ 영상 촬영과 모니터링을 반복하며 자연스러운 시선처리를 연습할 것

4) 실시간 화상면접

이 면접은 지정된 장소에 방문하지 않고 컴퓨터나 스마트폰을 이용해 면접관과 화상 면접을 진행하는 방식입니다. 양방향 소통이 가능하고 면접관이 추가 질문을 할 수도 있습니다. 캠퍼스 이외의 특정 장소에 모여 면접을 실시하는 경우도 있으며 개별적으로 수험생의 집에서 면접을 실시하기도 합니다. 집에서 면접을 실시하기 어려운 경우에는 대학에서 화상면접이 가능한 공간을 마련해 주는 경우도 있습니다.

공략 포인트!

집에서 면접을 보더라도 대입 면접의 중요성은 여전하다는 것을 결코 잊어서는 안 됩니다. 집에서도 단정한 복장을 입고 면접을 진행해야 하며, 주변의 잡음이 발생하지 않는 곳에서 정확히 자신의 답변을 드러내기 바랍니다. 사전에 카메라와 마이크 상태를 철저히 점검해서 면접에 차질이 없게 만드는 것도 중요합니다. 간혹 컴퓨터 상황이 좋지 않아 당일에 면접을 제대로 치르지 못하는 경우도 있으니, 면접 날짜를 확인한 뒤 컴퓨터 또는 스마트폰의 연결 상황을 미리 점검해두기 바랍니다.

☑ 대학마다 사전테스트를 시행하는데, 반드시 참여할 것
☑ 카메라, 마이크 작동, 음향, 통신 오류 등을 사전에 점검할 것
☑ 면접 진행 과정에 생활소음이 발생하지 않게 유의할 것

훔쳐서라도 보고싶은

대입 면접장

초판인쇄 2021 년 10 월 18 일
초판발행 2021 년 10 월 21 일

지은이 김민지 , 신동훈 , 박중희
발행인 김길현
발행처 (주) 골든벨
등 록 제 1987-000018 호
ISBN 979-11-5806-540-9
가 격 16,000 원

이 책을 만든 사람들
편집 및 디자인 조경미 , 김선아 , 남동우   **제작진행** 최병석
오프라인마케팅 우병춘 , 이대권 , 이강연   **웹매니지먼트** 안재명 , 김경희
공급관리 오민석 , 정복순 , 김봉식
회계관리 최수희 , 김경아

주 소 서울특별시 용산구 원효로 245 (원효로 1 가 53-1) 골든벨 빌딩 5~6 층
전 화 도서 주문 및 발송 02-713-4135 / 회계 경리 02-713-4137 /
　　　　내용 문의 E-mail: kimanakim@naver.com / 해외 오퍼 및 광고 02-713-7453
팩 스 02-718-5510
이메일 7134135@naver.com　　　　　　　　**홈페이지** www.gbbook.co.kr

훔쳐서라도 보고 싶은

막막한 학생부 종합전형!
면접을 앞두었다면 꼭 봐야 할!

대입
면접장

누구나 학종 금수저가 될 수 있는 컨설팅 노하우 대공개!